U0935182

未读 ADR | 生活家 |

RYDER CARROLL

[美] 赖德 · 卡罗尔——————著
陈鑫媛 ——————译

THE BULLET JOURNAL METHOD

子弹笔记

北京联合出版公司
Beijing United Publishing Co.,Ltd.

TO MY PARENTS FOR JUST ABOUT EVERYTHING

TO THE BULLET JOURNAL COMMUNITY
FOR DARING

THANK YOU,

RYDER

感谢我的父母，感谢你们为我做的一切，

感谢子弹笔记社区，

感谢你们的勇敢。

谢谢你们。

赖德

第 1 章　准备阶段

序言　11
承诺　21
指导　29
原因　32
整理想法　39
笔记本　46
动手写字　51

第 2 章　结构介绍

方法介绍　57
快速记录法　62
　标题与页码　66
　子弹短句　69
　任务子弹　71
　事件子弹　75
　笔记子弹　80
　特殊符号和个性化子弹　84
集子 88
　每日记录　90
　月度记录　94

未来记录 98
索引 101
任务迁移 108
来信 114
创建你的子弹笔记 118

第 3 章 实际操作

实际操作 123
起步阶段 127
反思 131
意义 141
目标 150
循序渐进 164
时间 173
感恩 180
掌控 185
辐射力 191
忍耐 199
拆解 205
无力感 212
不完美 216

第 4 章　艺术创作

艺术创作　225
个性化集子　230
设计　236
计划　242
清单　247
行程　252
追踪记录　255
个性化调整　258
子弹笔记社区　263

第 5 章　结尾

使用指南　275
结语　277
常见问题　279
致谢　285

目录 / 索引：子弹笔记结合了目录以及索引的特点使您的笔记既有条理又易查询。详细内容请见第 101 页。

让我们不要拖延。让我们每天清点生活。

每天都做为生活最后润色的人，

永远不会缺少时间。

——塞涅卡《道德书简》

第 1 章

准备阶段

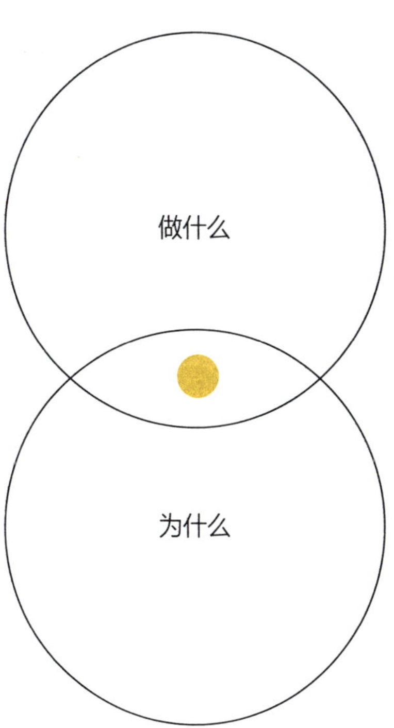

序言

有一天，我突然收到了一个神秘的盒子。更奇怪的是，寄件人一栏写的是我母亲的名字。也许母亲只是想给我个惊喜，不是为了什么特殊的场合，也没有什么特别的理由？但是，我觉得不大可能。

打开盒子后，我看到了一堆破旧的笔记本。我一头雾水地拿起最上面那本亮橙色的本子，本子翘起的封面上有一些涂鸦，内页里满是小孩子的乱涂乱画，有机器人、怪兽、争斗的场面、拼错的单词，各种各样的……我一阵战栗，这些笔记本是我的！

我深吸 口气，潜心读了起来。这不仅是一段记忆回溯之旅，它更像是重温一个被遗忘的自我。翻看另一个本子的时候掉出了一张纸。我好奇地展开这张纸，上面画着一个奇形怪状的、愤怒的男人，他正大肆咆哮着什么，一副目眦欲裂、唾沫横飞的模样。纸上还写着两行字，一行小一点，羞怯地缩在角落里，指明这位勃然大怒的男人是我过去的老师，另一行大一点，歪歪扭扭的，指明挨骂的对象是我。

早在小学一、二年级的时候，我就表现出了一堆问题。我的成绩糟糕透顶，老师每每气得脸红筋胀，请的家教老师也对我无可奈何。因为我的课堂表现实在是太差了，暑假的大部分时间里，我都是在特殊学校和心理医生那里度过的。后来我被确诊为多动症。那时还是20 世纪 80 年代，就连奇形怪状的鲻鱼头发型都比我这病容易让人接受。仅有的几种诊疗手段要么难以见效，要么根本无效，甚至还有可能加重病情。没有一种方法可以像我自己的大脑一样施效，我只能用自己的笨办法了。

多动症的病因主要是我无法掌控自己的注意力。其实我并不是不能集中注意力，只是无法在恰当的时候把注意力放在恰当的事情上。我很容易分心，注意力很快就会转移到另一件有趣的事上。因为注意力不集中的情况周而复始地出现，我该做的事情越堆越多，最终快要把我压垮了。我常常觉得自己达不到预期目标，每天面对这种情绪让我产生了深深的自我怀疑，鲜少有事情比我们对自己说的残酷认知更让人分心。

我羡慕身边优秀的同学，羡慕他们可以集中注意力，羡慕他们能在笔记本上写满笔记。我逐渐痴迷于条理和纪律，这些东西对我来说陌生而又美好。为了解开疑惑，我开始设计一些小把戏来接受自己的大脑的思维方式。

经过多次尝试和失败,我一点一点地创造出一套行之有效的方法，并把它记录在一本老式的纸质笔记本上。这本笔记本集规划簿、日记本、笔记本、任务清单、速写簿的优势于一身，像一个实用、宽容的工具，容我慢慢组织想法。渐渐地，我不再轻易分心，不再轻易茫然失措，反而变得更加有效率。我发现，能否解决我的难题其实取决于我自己。更重要的是，我发现自己完全可以办到!

2007 年，经由朋友推荐，我在纽约时代广场的一家大型时尚品牌总部里谋得了网站设计师一职。我的这位朋友当时正为筹划婚礼伤透了脑筋，办公桌上堆满了各种笔记本、便利贴、废纸片，看起来就像犯罪事件中那些疯狂的阴谋策划室。

有一天，她又在四处寻找一张乱放的便条，我正愁如何报答她的推介之恩，便笨拙地向她提议展示自己使用笔记本的方法。她抬起眉毛看了我一会儿，让我惊讶又惶恐的是，她接受了我的建议。我倒吸了一口凉气。啊，我给自己找了什么麻烦啊？分享自己的笔记本就像是让对方探究我的内心世界，就像……好吧……只能这样了。

过了几天我们一起去了咖啡厅，我笨手笨脚地指导她记笔记，向她展示自己如何利用各种符号、技巧、模板、图形和清单整理思路。我感到十分不自在。对我而言，这不过是我为了辅助自己有缺陷的大脑而发明的。在指导过程中，我一直避免和她进行眼神交流，都是在说完了以后才一脸窘迫地抬头看她。她目瞪口呆的样子更是证实了我所有的担忧。过了好一会儿，她才说道："你一定要把这个方法分享出去。"

这次尴尬的指导还不足以让我分享自己的方法。但是在过去几年中，各行各业的人都关注到了我的方法，并提出了各种疑问，我发现自己回答得还不错。在这些人中，有的是设计师、开发商，有的是项目经理、会计师。有的人问我怎么规划自己的日常生活，我便教他们如何利用这套方法快速记录任务、事件、笔记；有的人问我怎么设定目标，我便教他们如何利用这套方法针对目标制订行动计划；有的人只想了解怎么集中分散的笔记，我便教他们如何把所有的笔记或项目记录井井有条地汇总到一个笔记本中。

我从没想过这些年来我设计的方法能够得到如此广泛的运用。任何人有任何特殊的需要，都可以很轻松地在这套方法的基础上进行修改，然后得到帮助。我开始思考，我是不是可以分享一些常见的规划难题的解决方法，以免他人重蹈覆辙？抑或，至少可以避免他人体验我曾经的沮丧？

这个想法固然不错，但我不能再像之前那样，依靠笨拙的即兴发挥来介绍我的方法。因此我剥离一切冗杂，确定出了一套新方法，只留下过去几年来自创的、最有效的部分。由于此前并没有类似的方法，我必须发明一套新的术语，这样解释起来会更加方便，我也希望，术语可以让这套方法变得更加简单易学。现在，我需要为这套方法命名。为了体现这套方法的速度、效率、内容和目的，我决定称其为“子弹笔记术”（Bullet Journal，简称 Bujo）。

接下来，我创建了一个网站。网站上提供互动教程和视频，供观众了解新兴的子弹笔记术。在迎来第 100 位浏览者时，我欣慰地笑了。对我而言，这就算完成任务了！然后，不可思议的事情发生了。Bulletjournal.com 先后出现在介绍生活窍门的网站 Lifehack.org 和 Lifehacker.com 上，又登上了著名商业媒体杂志《快公司》（*Fast Company*），自那以后，我的网站迅速传播开来，不过几天，浏览人数就从 100 增加到了 10 万。

同时，子弹笔记社区在网上大量涌现。我惊讶地发现，人们开始毫不忌讳地分享自己解决个人难题的经历。老兵在子弹笔记上记录日常生活，分享自己应对创伤后应激障碍的方法；强迫症患者分享自己放下执念的方式。还有一些人像我一样患有多动症，看到他们成绩进步、焦虑有所缓解，我十分感动。网络世界里的交流常常遭人诟病，但是这些子弹笔记社区却打造出了一个积极热心的帮扶空间。虽然每一个子弹笔记社区的关注点各有不同，但都使用了同一个工具——子弹笔记。

2017 年 5 月，桑迪在 Facebook 上偶然看到了一段介绍子弹笔记的视频。由于夜晚睡眠不足，还要照顾一个蹒跚学步的孩子，她变得混乱又健忘，而这并不是以前大家眼中的她。每天她的脑海中都会闪过千百个问题：宝宝睡足了吗？疫苗都按时接种了吗？幼儿园的申请截止日期是什么时候？往往是一件事情刚做完，下一件又接踵而至。她感到疲惫不堪、力不从心。她不禁好奇，是不是其他母亲有什么自己不知道的秘诀？因此，当她听说子弹笔记这套规划方法只需要一个本子和一支笔就可以完成时，她觉得可以试试。

使用子弹笔记的第一步是记录下这个月里她要完成的所有事情。她将每位家庭成员的计划分别写在一列里。每个人的时间安排都是不规律的。写下来之后，她感觉自己像是给忙碌的生活按下了暂停键，她终于可以留出足够的时间看看每个人在接下来四周内的安排。想想几年后的某天，要是自己或家人忘了从幼儿园接孩子，那真是太可怕了。但她感觉他们一定会忘掉什么重要的事情，或早或晚，总会有那么一天。

于是，桑迪果断地增添了一列。她醒目地写下这个月里的大事件和家人的生日。在每月的账单中，她标明了各种账单的支付日期和金额。她还添上了一些小方格以便每天记录爱好和目标，或者只是提醒自己应该停下手中的活儿去喘口气。

动手写字出乎意料地令人平静。桑迪并不想把期望设得太高——尽管她知道有许多其他方法，声称无须进行长远的改变，就能帮她找回曾经井井有条的自己。

桑迪继续进行下一阶段的学习。这一阶段的教程旨在帮助她设定更远大的目标。比如，她对明年一年的规划是什么？在年度目标（Yearly Goals）这一页中，她勇敢地写下了一个目标：认真写字、绘画。多年来，她对这个目标一直充满激情，但几乎从未为此努力过，当然也不会取得任何进步。是强迫症动摇了她的决心吗，还是因为她太忙了？她知道自己有潜力，只是尚未利用起来。

在接下来的几周时间里，坐下看笔记已经成了她的一种习惯，就像刷牙一样，不需要刻意为之了。虽然画去每一个小方格里的任务看起来有点傻，但这一举动却让她保持干劲，因为她知道每天的任务都是可以完成的。她再也没有忘记缴纳任何账单，也不用再因为忘记朋友的生日而发一封长长的道歉信。更让她惊讶的是，子弹笔记的排版让她意识到，一件件平凡的小事足以促成一个远大的目标。月度目标和年度目标页每天都向她表明，虽然实现目标是一个漫长的征程，但她每天都在前进。她有一个小窍门：设定一个自己热爱的小项目。比如，每天第一件事就是花15分钟时间认真书写每日记录（Daily Log）。如果每天在打开手机之前留出了这15分钟，她就会拥有一段不被打扰的时间，仿佛一天被拉长了。

很快，桑迪发现写笔记不仅能让她保持条理清晰、思路顺畅，还有其他的益处。从小，她就喜欢咬手指，对此她一直感到羞愧。曾经手指被她咬得面目全非，她自己都觉得难以入眼，不得不临时取消会

15.12.17

* 挤柠檬不再刺痛

SQUEEZED A LEMON

NO

stinging

议和面试。有时她还会因为咬破手指而疼得睡不着、抓不紧东西，甚至别人轻而易举就能办到的事她也做不到。比如，她总得请丈夫和母亲帮忙往茶里挤柠檬汁，以免手指上的伤口因柠檬汁而感到刺痛。

在使用子弹笔记几个月后，有一天她在厨房里激动得泪流满面。她低头看着自己的双手，这双手终于不再伤痕累累，终于能够挤柠檬汁了。她在笔记本上写的每一笔、每一画、每一个符号都需要用上双手，因此手上的伤口缓缓愈合。我摘录了她特意在笔记本上设计的用于纪念这一天的笔记。

子弹笔记不仅帮助她做规划、做记录、保持记忆，还让她变得更有创造力，帮她治愈伤口、让她不再遮遮掩掩，也让她加入了一个热心助人的集体。在这个集体里，她不再是孤单一人。这些子弹笔记的使用者有创意、有韧性，充满激情，他们在我的方法之上进行调整，制订出适合自己的方法。我备受鼓舞。这也是我写这本书的原因之一。

无论你是经验丰富的子弹笔记老手还是初来乍到的新人，我都想把此书献给你，献给每一个挣扎在数字时代中想要学会自处的人。这本书提供简单的工具和技巧，为读者厘清思路、指明方向、聚焦重点，帮助读者打理生活。井井有条的感觉确实很棒,但这仅仅是一个开端，子弹笔记还有更深层、更有价值的内容。

过去，我一直认为多动症使我格格不入，事实上，我的情况只是迫使我更早地解决了数字时代里人们共有的病症：缺乏自我意识。

我们身处有史以来与他人联系最紧密的时期，但我们却在迅速地与自我失联。如潮水一般的信息无休无止地涌来，将我们淹没。我们感到刺激过度而无法得到休息，感到工作过度而无法得到满足，感到全神贯注而筋疲力尽。我曾创造了一套方法强迫自己远离电子屏幕。随着科技开始无孔不入地钻进我们的生活，不断分散我们的注意力，我发现这种逃离越来越有价值，因为它帮助我确定什么才是真正重要的，并且让我专注于此。现在已经有越来越多的人发现这么做有助于重拾生活的主动权。

2015 年，羞涩的设计师安东尼 · 戈里蒂辞去了自己不满意的工作，开始从事自由职业。几年来，他一直梦想着独自出去走走，但他没料到承接个人项目会带来额外的压力，在时间安排上也会遇到困难。他尝试过几款 App，帮助自己打理生活，但没有一款能够满足他的灵活需要。他着手在笔记本上制订任务清单,但是做得一团糟。客户致电前不会提前通知，一来电话他就必须在六本不同的笔记本上大海捞针一般地寻找他需要的信息。他知道自己一定记下来了……一定就写在某个地方……这些狂乱的时刻削弱了他的信心。他天生就不是一个善于自我推销的人，因此在自荐找工作的过程中吃够了苦头。现在的情况似乎成了，一旦工作找上门，一系列新的沉重难题又在等待他了。他开始质疑选择自由职业的决定是否正确。但是突然，他想起自己很久以前看过的一段视频，视频里展示了一种十分复杂的笔记方法，他记得当时自己十分欣赏这套方法。于是，他开始尝试搜索一个又一个古怪的关键词，终于找到了子弹笔记的官网。这套方法并没有他记忆中的那么复杂，他拿出一个新本子，开始记录自己需要完成的每一件事。

他变得和以前不同了，变得更喜欢自省了。他意识到自己喜欢列任务清单，更喜欢完成任务。最棒的是，他的自信心得以在这本干净、明晰的笔记本上生根发芽——因为清晰地记录下任务让他在与客户通话时不再战战兢兢。做好准备、成竹在胸的他觉得自己不再是在进行纯粹的自我推销，而是能够真正展示手艺。子弹笔记为他制订了一个行动框架，帮助他探索自己的潜能。

这是子弹笔记的一个十分重要的作用。它帮助我们培养更好的自我意识，而且不仅仅局限在我们的专业领域内。比如，停下来写下生命中的重要细节这一简单的举动,不仅是一种简单的打理生活的办法，还能让人们重新认识自己，重新审视自己关心的事情。

现在，我仍和桑迪、安东尼等子弹笔记使用者保持着联系，也会回答子弹笔记社区里的各种问题。子弹笔记社区里的许多人想要拓展笔记的功能，还有一些人考虑得更深入，想要解决在当今疯狂的世界中被放大了的常见难题。我希望能够在本书中一一回答，希望能向读者展示，一本简单的笔记本为何会对揭示这些问题有极高的价值。

本书由两个部分构成，一是方法，二是实践。首先，我们将学习子弹笔记的制作方法，了解如何把笔记本变成一个强大的管理工具。其次，我们将进行实践。实践包含了各种传统哲思，这些哲思认为带着意向去生活，既能带来目标又能带来成果。我努力把这条真理转化为明确的行动，于是子弹笔记术由此而生。它是一种应对数字时代的方法，能够帮助你追踪过去、管理现在，由此，便可以规划未来。我初次创立这套方法时，不过是为解决我自己进行规划时的毛病。但是随着不断积累，这套方法逐渐成熟，极大地改善了我的生活。我希望它对你们来说也是有效的。

承诺

生活太忙碌了。我的生活似乎只是一张长长的任务清单。

我已经忘了自己的梦想、自己的目标、自己的追求，

还有自己本可以做到的事。

——埃米·海恩斯

子弹笔记术的使命是帮助人们认识自己应该如何利用生命中最宝贵的两样资源——时间和精力。如果你打算在这本书上花费时间和精力，那么对你而言，公平的做法应该是画出书中与你有关的内容。简单来说，就是：

有了子弹笔记术的帮助，你能够花费更少的时间和精力换来更大的成就。子弹笔记将帮助你识别并剔除无意义的事，从而专注于有意义的事。

这一点要如何做到呢？子弹笔记将结合生产力、注意力以及意向性搭建一个灵活、宽容而且实用的框架。以下是详细介绍。

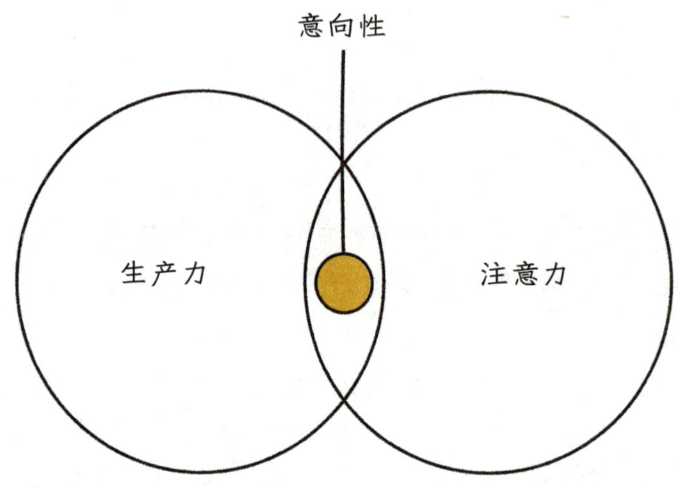

生产力

你是否曾被自己的责任压得喘不过气？有时生活就像一场恶心的打地鼠游戏，琐事、会议、邮件、消息像地鼠一样无休无止地冒出洞口等你解决。任务多到几近疯狂，你只能压缩健身时间，一边快步走进家门，一边利用这段时间和姐妹视频通话，电话另一端的姐妹还要问你能不能不要直喘粗气。任何一件事都没能得到应有的关注，这种感觉并不好。你讨厌让别人失望，也讨厌让自己失望。为了做更多的事，你甚至把睡眠时间压缩到最短——除了现在，现在的你就像是行尸走肉，因为……你早已透支了睡眠。

退一步看看。从 1950 年到 2000 年，美国每年的生产力上升 1 ~ 4 个百分点。但是自 2005 年起，发达经济体的生产力增速开始放缓，到了2016年，美国的生产力甚至出现了下跌。或许，快速发展的技术带给我们近乎无限种选择，把我们的时间塞得满满的，却根本没有提高生产力？

有可能是信息过载麻痹了我们。正如美国认知心理学家丹尼尔·列维京（Daniel Levitin）在《有序》（*The Organized Mind*）一书中所表达的，信息过载比筋疲力尽或吸食大麻更不利于我们集中注意力。

那么，要想变得高产，我们需要一种方法来遏制数字干扰的浪潮。我们需要在还能够保持高效时至少远离数字生活一段时间，走进子弹笔记的世界中寻求解决方案。子弹笔记创造了处理问题、思考问题、关注问题所需要的线下空间。在你翻开笔记本的那一刻，周遭疯狂的世界就被按下了暂停键。笔记本让你的思绪紧跟生活，让事物变得不再模糊，而你终于可以更清楚地审视自己的生活。

子弹笔记会帮助你整理思绪，随后你便能够
从客观的角度出发，审视自己的想法。

我们常常匆匆拼凑出各种方法打理生活，一会儿用这个App，一会儿又用那个日历。时间久了，便留下一大堆便利贴、App、电子邮件，像科学怪人弗兰肯斯坦[1]一样给自己带来隐患。也许这么做确实有点效果，但是会感觉有点零乱。你花了大把时间思索什么时段要干什么

1 弗兰肯斯坦是英国作家玛丽·雪莱在1818年创作的长篇小说《弗兰肯斯坦——现代普罗米修斯的故事》中的主角，他是位热衷于研究生命起源的生物学家，怀着犯罪心理用尸体的不同部分拼凑出一个巨大人形怪物，最后受怪物不断骚扰，自食恶果。——译注。

事，安排好各项任务，但是你在 App 和便利贴上写下你的计划了吗？这些便利贴又被你搁到哪儿了？

诸如“管理库”App、“自我提示法”等很多很棒的创意最终都会沦为过时的产品或一堆废纸。这种复杂低效的手段在压榨你的时间，但这其实完全可以避免。子弹笔记的设计初衷就是希望它成为你的“想法之源”。我并不是在要求各位尊崇这种方法，只是希望各位可以不必再好奇自己的想法源于何处。

当你学会将自己的想法归整到一处之后，就可以研究如何有效地进行优先排序。每个给你打电话、发邮件、发消息的人都希望得到即刻的回复。所以，大多数人只是对即时的刺激做出被动回应，不会积极地设定处理任务的优先顺序，最终只能困在责任的汪洋里，被波涛拍打得左摇右晃。我们不能让外界的需求影响我们办事的先后顺序，否则我们只会淹没其间。学会整理思绪后，当机会来临时你便会知晓。提高平均绩点、获得晋升、跑马拉松、每两周读一本书，这些都是你有可能做到的。

子弹笔记让你成为自己人生的掌舵人。

你将学会如何拒绝被动回应，开始主动应对。

你将学会如何解决难题，如何依靠模糊的好奇心完成有意义的目标，如何把目标分解成一个个更易执行的小目标，最后，学会如何高效地行动起来。比如，要怎么做才能提升本学期的绩点？需要每门功课都得优吗？其实不然，多提分才是关键。那么，哪一门功课你落后

最多？下一堂课的任务又是什么？是写论文。那么，需要阅读哪些相关书目？去图书馆借这本书——这才是当下最重要的事。要不要做已经得优的课程的加分作业呢？这完全是浪费时间。

本书将介绍一些科学的技巧，利用这些技巧，随便一本笔记本都能够为我们揭示机遇、铲除分心因素，帮助我们把时间和精力投入真正重要的事情上。

注意力

糟糕，是这个词。别担心，没有奇怪的要求。通常我们谈及注意力时指的是一种对当下的高度关注。提高生产力是很好，但是子弹笔记的设计理念不是为了让你像小仓鼠一样在仓鼠轮上狂奔。

在现代社会中，科技带给我们近乎无限的选择，方便我们充实自己，但是我们却比以往任何时候都更容易分神。就好比乘坐飞机遨游天际时，我们以每小时 600 英里的速度观察世界，但是不知道自己究竟身处何方。如果幸运的话，我们可能会领略海上波光粼粼的景色，或者看到闪电劈开远处的乌云，但是大多数时候，我们只是半睡半醒的旅客，在飞机降落这一紧张的时刻来临前百无聊赖地打发着时间。

如果脚下就是目的地,那么我们必须学着成为更好的旅者。为此，我们必须首先学会确定方向。你现在在哪里？你喜欢当前的位置吗？如果不喜欢，是什么原因让你想要前进？

要想成功应对周围的世界，
我们必须看清自己的内心。

培养注意力这一过程就是让我们清醒地观察自己面对的究竟是什么。这一过程有助于认清我在哪儿、我是谁、我要什么。动手写字这一举动让我们的思想在神经层面上沉浸于当下，这是其他任何捕捉机制都做不到的。正是处在当下时，我们才开始认识自己。作家琼·迪迪翁（Joan Didion）对手写的推崇广为人知，她从 5 岁起就开始用笔记录生活。她认为，笔记本是应对让人分神的世界的灵丹妙药。“我们很快就把自己原以为终生不忘的事情忘掉了。我们忘记自己所爱，也忘记自己所恨；我们忘记自己的低语，也忘记自己的呐喊；我们忘记自己究竟是谁……与自己相处是个好主意。我认为这就是笔记本所能带给我们的益处。只要我们记住这几句话，我们就会意识到，我们只能依靠自己：你的笔记本帮不到我，我的笔记本也帮不到你。”

生活在数字时代的人们，请不要恐惧。不要认为自己会像狄更斯笔下的人物一样在阁楼微弱的烛光下弓着背眯着眼涂涂写写。不要这样想。子弹笔记会教会你如何迅速高效地捕捉思想。你将会学到如何按照生命的节奏进行记录。

这便是子弹笔记发挥作用的地方。我们将探索不同的技巧，培养询问上述问题的习惯，如此便不会迷失在日常生活之中。换言之，子弹笔记让我们认识到为什么要做自己正在做的事情，以及我们现在正在做的是什么。

意向性

回想一下，有哪一本书、哪一场演讲、哪一句格言深深打动过你，改变你对生命的认识？其实打动你的是其中的智慧。这些智慧蕴含着诸多希望。你要做的只是消化并吸收这些新获得的知识，然后行动起来，事情自然就会变得更容易、更美好、更清晰、更有益。

但是如今，在思想层面甚至是实践层面上，这些知识中有多少还在发挥作用呢？你成了一个更好的人吗？你和朋友或者另一半相处得更融洽了吗？你减肥成功了吗？你变得更快乐了吗？很可能你已经记不清那些曾让你深受启发的知识了。但这并不意味着那些知识本身没有意义，只不过是你没有吸收这些知识。可是为什么会这样呢？

日常的忙碌会悄无声息地在我们的行动与信仰间隔出一条鸿沟，我们总是想走那条最顺畅的路，即使它会偏离我们所关心的事物。我们寻求的改变需要我们持续不断地努力。正如你可以从任何一位运动员口中听到的：肌肉需要反复撕裂才能生长。就好比锻炼肌肉，我们也需要不断锻炼我们的意志，才能让它更坚韧、更强大。

尽管“忘记”做冥想或者找借口翘掉瑜伽课十分容易，但是当我们忽视日常任务时，会产生直接而严重的后果。要想在生活中引进一种崭新的、可持续的日程安排，就应当让它适应你已经填满的生活。如果现在有一套方法既能拥护你的意向又能让你全天保持条理呢？

通过将你的意图融入生活琐事，

子弹笔记术在你的信念和行动之间架起一座桥梁。

埃米·海恩斯不仅利用子弹笔记安排自己的责任和义务，还利用子弹笔记写下商业上的点子、想要学习的人、要查看的App，甚至还有要品的茶。她为自己量身设计的个性化集子（稍后将读到）能够帮助她克服完成任务清单时的沉闷情绪，让她做自己喜欢的事。通过记笔记，她能够重拾被遗忘的重要事物。

通过写子弹笔记，你会自然而然地形成一套反省的习惯，会开始判断什么才是重要的事，为什么这件事很重要以及如何办好这件事。子弹笔记会轻柔地提醒你平日里的信念。因此，无论你身在何处，不管是会议室、教室还是急诊室，都能够更容易地将这些信念付诸实践。

在子弹笔记的众多使用者中，有的找到了梦寐以求的工作，有的开始创业，有的结束了一段糟糕的感情，有的搬了家，或者，还有一些人仅仅是在培养了记录子弹笔记这个习惯后对自己更加满意了。子弹笔记这套方法汲取了世界上各种传统智慧的力量，像三棱镜一样，吸收了这些传统思想的光芒，然后将其汇聚成一束亮光，助你看清自己的位置，帮你照亮前方的路。带着意向去生活是一门艺术，子弹笔记将通过这门艺术，教会你如何成为命运的掌舵人。

指导

子弹笔记是可以同甘共苦的好伙伴，它尽职尽责地陪伴我走过生命中的四季冷暖，无论我是学生、实习生、伤心人还是设计师，子弹笔记都为我提供过帮助。子弹笔记总会接纳我，不会对我评头论足，也不会用期望对我施压。着手写这本书的时候，我希望为读者创造出与我自己的子弹笔记作用相同的一本书。这本书的设计初衷就是成为你踏入子弹笔记世界的港湾，为你的初次尝试做好准备，同时，当你需要休息、充实、调整时，也欢迎你重温。

工具

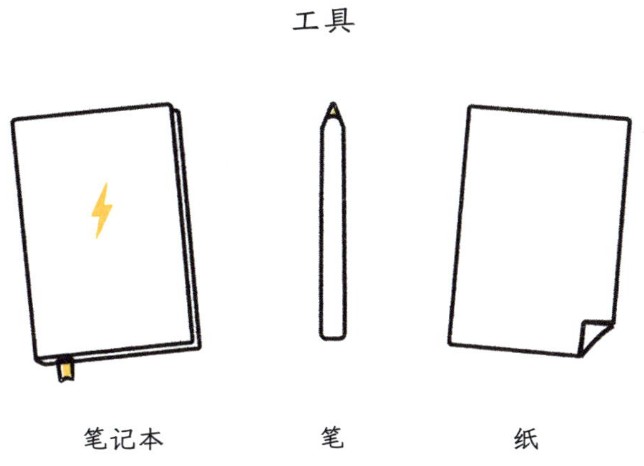

笔记本　笔　纸

初学者使用指南

如果这是你首次体验子弹笔记，欢迎你加入我们！感谢你愿意抽空阅读本书。若要尽可能多地从本书中获益，我建议读者按顺序阅读。这种阅读顺序考虑了读者的参与性。我会借助文字（第 51 页）帮助读者将笔记制作方法快速印入脑海。你需要准备的材料只是一张白纸、一个空白的本子和几支笔。

子弹笔记由两大元素组成：方法和实践。本书的第二章会着重介绍方法。你将学到各个要素的名称以及用途。在第三章和第四章中，我们会深入实践。若以厨房为例打个比方，第一章和第二章会教你如何做好厨房配菜，第三章和第四章则教会你如何成为主厨。你会学到子弹笔记各个要素背后的来源及原理，随后，你便能够设计出能满足个人需求的个性化方法。

非初学者使用指南

我模仿子弹笔记的结构，把书中的章节设计成独立的集子（第 88 页），只要你熟悉子弹笔记的术语，就可以阅读任何吸引你的章节。如果还不熟悉的话，可以先从第二章读起！

第二章详细讲述了制作方法。我仔细研究了每一种集子和技巧，揭示出其背后的设计原理。随后，在第四章，我们将把这些概念应用到模拟项目当中。你将会学到如何进一步制作个性化笔记本。

但是制作方法只是子弹笔记术的一部分。

本书前半部分介绍了制作子弹笔记的方法，
后半部分则介绍了使用子弹笔记的原因。

如果你已经使用过一段时间子弹笔记，可能会觉得除了把清单整理清楚，子弹笔记还可以大有所为。你可能会觉得子弹笔记使你变得更理智、更自信、更专注、更冷静，甚至更有创造力。这是因为子弹笔记背后有许多科学哲理能够帮助我们带着意向去生活。在本书中，我将揭开子弹笔记的神秘面纱，揭示出其背后的原因。更深入的了解不仅会证实你现在的成果，还会把你现有的实践提高到一个全新的水平。

无论你是新人还是老手，本书都可以带你探究子弹笔记的核心内容，通过结合注意力和生产力，帮助你设计出自己理想中的生活。

原因

带着意向去生活是门艺术，

是在别人为你做出选择之前做出自己的选择。

——里奇·诺顿

我的第一个创业公司 Paintapic 诞生在一个堆满了小油漆桶的储藏室里。公司业务是为顾客提供定制数字油画所需的材料。那时我还有一份劳神费力的全职工作，因此，Paintapic 完全是利用下班时间组建起来的。

后来，全职工作的公司领导层出现变动，新的运作方向不再是创意项目，可是我享受的正是创意类的工作。久而久之，公司的新方向表现出更多局限性，我感到自己不能再为公司创造任何实际的价值。然而，Paintapic 的发展却只是因为我愿意投入的时间太少而受限。因此我全力以赴，为了 Paintapic 牺牲了社交生活，全情投入其中。

我的合伙人说服他的老板租了一间废弃的储藏室给我们当办公室。两年间，我们在这间带着磨砂小窗的昏暗办公室里度过了无数个夜晚和周末。这间小小的屋子见证了我们的很多决定，我们对每一个决定都倾注心血，就算是毛刷的数量，也经过了我们的反复思考。

最终我们一直期盼的日子来了：网站上线了。然后订单来了，收入也跟着来了。我们开始盈利。不借助任何外部投资就旗开得胜，这在创业公司中是十分罕见的。总体而言,我们的公司取得了（微小的）成功。

我们的网站一上线，我就以顾客的身份订购了一套绘画工具。我还记得自己收到快递时的心潮澎湃。我的设计成真了！但是，当我走上楼梯回到家时，我的注意力已经转到别处了。我把快递扔到一旁，直到今天，我都没打开过包装，也不知道把它搁在了哪里。就这样，包装里那只蠢蠢的哈巴狗（我们公司的吉祥物）永远也没机会被填充上颜色了。

很快，我的三分钟热度蔓延到了公司运营的各个方面。深深的困惑和沮丧开始滋生。理论上我已经做完了让自己开心的事，为了取得这些成就我奉献了很多，然而现在，这一切似乎并不重要了。我的合伙人似乎也有同感。创建公司带来的创业的快乐使我们忽视了一个简单的事实：作画的人并不是我们。尽管我们的产品能够为顾客的生活增色，但对我们而言毫无补益。我们不是对产品充满热情，只是爱上了创业带来的挑战。

每个人都有过这种经历。你一定也有过拼命工作的时候，可是只会发现自己还是无法得到满足。然后,你会更加拼命地工作以作弥补。你解释说，也许你投入更多的时间，就会感到自己做出了成绩，能够真正欣赏自己的劳动成果。然而最努力工作却换来最低落的心情，这种感觉肯定十分糟糕。但为什么会这样呢?

让你下决心增重、减肥、工作到深夜的真正动力是什么呢？你是出于健康原因想减掉10斤肥肉还是被一段糟糕的感情打击了自信？可能你没意识到自己拼命工作只是为了避免和爱人恶语相向。如果情况真是这样，不论你在办公室里待多长时间，都无法获得长久的放松。因为你根本走错了路。在动身之前，我们需要了解真正驱使我们的动机是什么。

我们的动机往往源于媒体的报道。我们在日常生活中读到的报道总是有关无尽的财富、旅行、权力、休息、美貌、快乐和明星的恋爱逸事。每当我们连上网络，这些虚拟世界里的信息就会一点一滴地渗入我们的意识，破坏我们对现实以及自身价值的感悟。我们把自己的生活与这些构想相比较，以此制订行动计划，盼望着自己最终也能够获得一张黄金入场券，走进这些误导人的美好幻想中，但是选择性地忽略了这些光鲜背后数月的筹备、“音乐天才”提着耳机在试音室外排队苦等的画面、辛苦工作的生产人员、满满两车的摄影设备、漫长的失业期、因为下雨停止拍摄的数周时光、工作现场的食物中毒，还有表演结束后空寂的场地。我们受不断鼓吹志趣抱负的媒体所干扰，没能定义出对我们而言究竟什么才有意义。

澳大利亚护士布罗尼·韦尔多年来一直照顾临终病人，她记录下这些将死之人的五大遗憾，其中最大的遗憾就是没有追求过自己真正想要的生活。

当病人发现自己时日无多，开始回首往昔时，会很容易看到有多少梦想没有实现。大多数人连一半都没有做到，只能在临终前悔恨自己当初做过的决定或者遗憾自己没能做出的选择。

选择有好有坏、有大有小，有的选择令人愉快，有的选择令人痛苦。选择可以是我们漫不经心做出的结果，也可以是我们有意为之的产物。但这意味着什么呢？什么才是有意为之的生活？或者说，什么才是有意向性的生活呢？哲学家大卫·本特利·哈特（David Bentley Hart）认为意向性是“一种引导思想走向某种目标、目的、意图的根本力量”。这一说法源于中世纪，因此我想更新该说法为我们现在所用：意向性这种力量引导思想走向其认为有意义的目标，并为此付出努力。

如果意向性代表遵循自己的信念行动，那么与之相反的就是随心所欲的生活方式。二者间的不同简单来说就是，你知道自己这么做的原因吗？

如果我们不知道自己所需，或者，不知道我们为什么会产生某种需要，我们就无法忠于自己。其实，知道自己产生某种需要的原因更为重要。因此，我们必须从此处着手。这个过程要求我们不断培养自我意识。这一点看似很难，但是也可以很简单，它不过是让我们关注自己能产生共鸣和兴趣的事物或者无法产生共鸣和兴趣的事物。二者具有同等的重要性。当我们开始辨别出吸引我们注意力的事物时，便能基于自己真正的信念，恰当地确定梦想。

如果我们认同自己的行动，便不会盲目度日。我们会全情投入、富于创新、充满创意、活在当下，我们不仅会工作得更努力，还会更有悟性，因为我们的心与脑都真正投入其中了。

培养这种自我意识是贯穿一生的过程，但这一过程从最简单的自我审视开始。子弹笔记的作用就体现于此。你可以将自己的子弹笔记视作一部不断更新的自传，在这本自传里，你可以看清生活中究竟有哪些纷繁忙碌会最终消失不见。你可以追踪过去，看看究竟是什么决定和行动让你走到了今天。这本自传鼓励你借鉴自身经验，了解什么行之有效、什么并不奏效、你自身的感觉以及下一步的行动。日复一日，你便逐渐加深了自我意识，见证了自己的成长。每一页都能教你认清什么重于泰山、什么轻于鸿毛。如果你不喜欢自己的成长故事以这种方式展开，你便会拓展技能、下定决心改变自己的“叙事方式”。雷切尔与她的丈夫便是如此。

> 我现在是一名全职平面设计师，有一份兼职工作，一周还有几天会在青少年俱乐部里指导活动，还要和丈夫一起进行牧师工作。两年前，我遇到了现在的丈夫。虽然我们享受婚姻的美好，但几乎从我们婚后的第一天起，我们就有了太多的事情要记、要做。我俩都要被逼疯了。
>
> 为了抽出时间沟通、了解对方的安排，我们都费了很大的劲。我的日常就是出门上班、下班买菜、烧饭做菜、打扫房子、试图记下每一件要完成的事。这些事情都完成以后，就该休息了。睁开眼，又是周而复始的一天。更麻烦的是，我发现自己的甲状腺出了点状况，再加上我对麸质和乳糖过敏，安排每天的伙食对我而言更加困难了。生活让我完全喘不上气了。
>
> 不仅如此，我们还凑不出时间一起享受美好时光。所有人都知道共度欢乐时光对一段健康、快乐的婚姻意义非凡。然而，由于我的丈夫是一位牧师，他的工作时间常常在晚上或是周末，而

我的上班时间则是传统的一周五天朝九晚五。要想留出时间共处着实不易。我对待感情一直是积极外向的，但是在我闲暇时，我的丈夫却常常在外工作，我常常处在孤独寂寞之中。

我们意识到必须做点什么改变现状。于是，我们开始在子弹笔记上规划每一件事。我们利用每周记录（Weekly Log）和月度记录（Monthly Log）提前为未来一段时间做好安排。如此一来，我们便能够清晰地看到哪周会让我们焦头烂额，知道何时需要为自己留出一些时间，享受二人世界了。

子弹笔记还帮助我们专注于个人目标。我们在遇见彼此之前，都不受恋爱的羁绊，在各自喜爱的工作上略有建树。热爱工作意味着我们很重视工作，在工作上花费了大量的心思。但是我们现在已经学会如何在顾及工作的同时不忘把婚姻生活列为重中之重了。虽然电子日历也可以帮助我们兼顾工作与感情，但是静下心来坐在一起在子弹笔记上动笔规划日程，不仅满足了我们进行沟通交流的需求，也让我们看得更远，不会总是被下一件事弄得措手不及。另外，如果家庭生活的时间安排得太少了，我们可以表达出自己的不满。子弹笔记让我们像一个整体一样共同规划我们的生活，而不是把两张繁忙的日程表拼凑在一起。现在，我们既享受婚姻也享受工作，彼此都想帮助对方取得事业上的成功。

到现在为止，我们已经写了近八个月的子弹笔记，在生活的方方面面上都小有成就感，每天都能在晚上八点前做完一切！多亏了子弹笔记，我才能够掌控自己的生活，了解下一步要做什么。我每天都花费一点时间进行反思，确保注意力真正放在了正确的

> 事情上。同时，因为我和丈夫都把目标记录在了子弹笔记上，我们就能知道自己和对方步调一致，都在为了共同的目标努力着，也因此重新在婚姻和工作上找回了信心。
>
> ——雷切尔

这就是有意向性的生活。有意向性的生活不是要活得完美、轻松，或者总是把事情做对。尽管快乐常常在有意向性的生活上与你相遇，但这种生活甚至都与快乐无关。有意向性的生活只关乎遵循信念行动，只关乎描绘一个你坚信的并能让你感到自豪的生活故事。

整理想法

家里的每件物品在你眼里都有价值，都很美。

——威廉·莫里斯

研究显示，我们每天会产生五到七万个想法。打个比方，即使每个想法只有一个字，也意味着我们的大脑所产生的想法足以变成一本书，而且是每天一本。但和书不同的是，我们的想法并没有严谨的逻辑，好些时候都是断断续续的。我们苦苦思索怎样将大脑皮层中冒出的想法进行归类。要从哪里开始呢？我们会不可避免地发现有太多的事情在同时发生，分散了我们的注意力，没有任何东西得到应有的重视。我们通常称这样的状态为“忙碌”。然而，忙碌并不等于高产。

对大多数人而言，

“忙碌”不过是身体机能的不堪重负。

何出此言呢？我的意思是，我们没有时间，是因为我们同时处理很多事情，但是很多时候事情得不到解决。这不是 21 世纪独有的现象，只是在科技飞速发展的年代，我们指尖下的无数种选择让这种现

象飞速凸显。要想把事情做完，不管什么事，我们是不是都要发短信、打电话、使用各种社交软件或者对自己的手机助手大喊大叫呢？这一系列动作的顺序又是什么呢？（哦，对了，在我们可以着手干活之前，我们还得升级、更新、重启、注册、认证、重置密码、清除缓存，然后才能开始。等等，我们要做什么来着？）

选择自由是一把双刃剑。每一个选择都需要集中注意力，而集中注意力要求我们投入时间和精力，但时间和精力非常有限，也因此倍加珍贵。

史上最成功的投资家巴菲特给深得他信任的私人飞行员迈克·弗林特（Mike Flint）提过几条忠告。有一次他们谈论起迈克的职业生涯规划，巴菲特先让迈克列出二十五项重要的职业目标。迈克写完后，巴菲特又让他圈出其中更重要的五项。巴菲特问他为什么圈出这五个，迈克回答说："嗯，这五个是最重要的，剩下的二十个虽然也很重要，但是没有这么紧急，不过我还是打算在有空的时候努努力。"巴菲特告诉他："迈克，你错了。那些没有圈出来的都应该尽力避免。不管发生什么，只要还没达成前五个目标，都不要管剩下的二十个。"

美国总统奥巴马在接受《名利场》（*Vanity Fair*）采访时曾说："公众眼中的我只穿灰色或蓝色西装，这是因为我想尽量减少选择。我不想把时间浪费在纠结吃穿上，我还有更多重要的决定要做。"这和Facebook创始人扎克伯格爱穿灰衬衫、苹果创始人乔布斯标志性的黑色衣服配牛仔裤是一个道理。他们十分了解纠结于各种选择有多么费时费力，因此他们抓住生活中每一个能够用来减少做选择的机会。

正如心理学家罗伊·鲍迈斯特（Roy F. Baumeister）在《意志力》

（*Willpower*）一书中所写的："不管你多么想做到理性高尚，你都无法在不付出生理代价的情况下做出一个又一个决策。这有别于普通的身体疲劳，你不会意识到自己已经累了，但其实你的精神已经处于低谷。"这种状态被称为"决策疲劳"（decision fatigue）。换言之，你要做的决策越多，你就越难以把决策做好。这就是为什么人们更容易在晚上大吃一顿而鲜少在早晨如此——因为早晨的意志力还很强大。

若不加以控制，决策疲劳则会导致决策规避（decision avoidance）。在面对生命中的重大决策时尤为如此。我要去哪里上大学？我要和这个人相守一生吗？我要接受这份新工作吗？面对这些决策时，我们总会拖延到最后一刻，为了逃避做出这类决策转而去做其他决策。但是令人望而生畏的决策并不会就此消失，它会伺机而动，变得越发险恶。当回过头来不得不面对这个问题时，我们很有可能已经没有多少余力了。难怪我们常常会感到压力、焦虑和不堪重负。

我们试图转移注意力来减压、减躁，于是我们开始暴饮暴食、出门旅行、疯狂追剧。虽然Netflix网站上的片源储量丰富，但就是找不到好看的！你选不出一部吸引你的电视剧，面对新的决策，你变得更加难受了。为了实现长远的改变，我们需要做的不是缓解症状，而是根治病症。

我们需要减少强加于自身的决策，

如此才能专注于重要的事物。

思想清单

要想从决策疲劳中恢复过来，第一步就是从中抽身，远离这一堆重重压在你身上的决策。你需要思考如何清晰明了地把决策进行归类。我们通过写下决策来做到这一点。为什么要动手写字呢？因为每一个决策，在确定和实施以前，都不过是一种想法罢了。在脑海中留住一种想法好似徒手抓鱼，它很容易就会脱离掌控，消失在你脑子内的混沌中。而把想法写下来使得我们能够捕捉自己的想法，然后在冷静的时候审视它们。通过把想法具体化，我们开始整理内心。把消耗我们注意力的选项一条一条写下来，我们就得出了一张思想清单（Mental Inventory）。这是夺回生活主动权的第一步。从此刻开始，你能够从一片嘈杂声中筛出有价值的信号。你的子弹笔记之旅将从这一刻开始。

就像整理衣柜的时候我们需要把所有东西都拿出来才能分清这些物品的去留一样，思想清单这个简单的方法能够帮助你快速厘清你在头脑这个“衣柜”中随手放入的东西。很有可能会有许多不必要的任务“鸠占鹊巢”，占领了这块宝贵的思想情感之地。

首先，准备好我在上文提到的纸张。把纸张横着摆在面前，将它等分成三列（也可以折两下，或者如第 43 页中的图片所示，画出两条竖线）。

1. 在第一栏列出所有你正在做的事情。

2. 在第二栏列出所有你应该做的事情。

3. 在第三栏列出所有你想要做的事情。

思想清单

正在做的	应该做的	想要做的
纳税	锻炼	去夏威夷度假
艾克米公司的报告	学习投资	学习烹饪
清理相册	制作每周食谱	学一门语言
准备埃米的聚餐	制订五年目标	多阅读
	缴纳电话费	多写作
	体检	减 10 斤
	制订退休计划	减压
		多见朋友

把项目名称写得短一些，列成清单的形式。如果某件事情或想法带给你其他灵感，也要写下来。在这一步上花点时间，然后开始深入。记住，要诚实地把脑中（以及心中）的事情列在纸上。做个深呼吸，然后开始行动吧。

测验

这张思想清单清晰地展示出目前你把时间和精力投在了哪里，这是一张属于你的选择规划图。下一步是认清哪些事情是值得做的。

我们忙于处理自己正在做的（或应该做的）事情，却忘了问问自己，我们为什么要做这些。最后，我们承担的很多责任常常都是本可以避免的。而思想清单给予了我们退后一步去询问的机会。

去吧，针对清单上的每一件事问问为什么。不要像无头苍蝇一样，只问自己下面这两个问题。

1. 这件事重要吗？（对你或者你爱的人而言）
2. 这件事紧要吗？（如房租、税款、助学贷款、工作等）

小提示：如果轮到某件事时，这两个问题让你难以回答，想一想如果没有完成这件事会怎样。就算一直没有完成，又会有什么后果？

任何无法通过这项测验的事情都是让你分心的诱因，不会给你的生活带来任何价值。把这些事情无情地画掉吧。记住，每一项任务都会带来一段新的体验，都能够让你窥见未来。这就是为何清单上的每一件事都是费了很大劲才留下的。更确切地说，每一个项目都需要争取机会谱写你的生活故事。

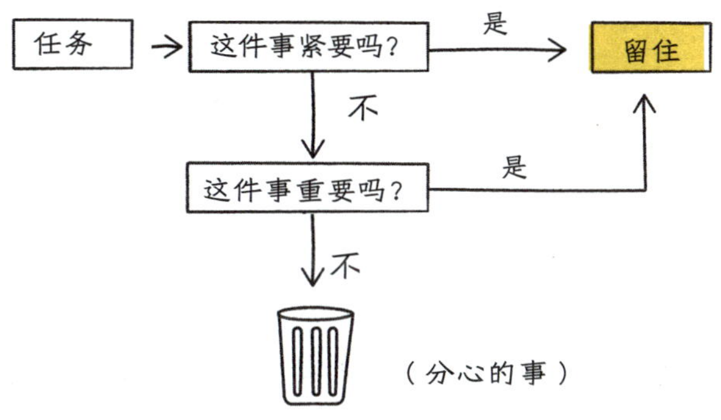

剔除没有价值的事情之后，剩下的事情可以大致分成两类：需要做的事（你的责任）和想要做的事（你的目标）。在这本书中，我将一步步告诉你如何从这两个方面着手。现在，你手上已经具备了几乎所有制作子弹笔记所需要的材料，还差一样，那就是笔记本。

你可能会问：为什么不能用我们自己的笔记本呢？这是个好问题。当你读了这本书，思考过其中的深意，尝试过其中的技巧后，你就会发现自己在不断地给思想清单去粗取精，真正写进子弹笔记的，应该是那些在你看来十分重要或者能给生命添彩的事情。有意向地规划生活是一种心态，不会受限于笔记本的种类。

笔记本

写笔记是通往内心的旅程。

——克里斯蒂娜·鲍德温

子弹笔记术初学者常常对选择纸质笔记本充满疑惑，他们好奇为什么不可以用 App 代替。简单地说，当然可以使用 App。App 商城里有很多好用的提高效率的 App，我自己也在用！作为电子产品设计师，我当然明白电子工具有多么强大和高效。事实上，子弹笔记也采用了一些软件研发方面的技巧。子弹笔记不仅能用来制作清单，更是一套帮助我们捕捉生活、打理生活、审视生活的综合方法。继续阅读下去你就能完全明白笔记本究竟为何能够达到此目的，又是如何做到的。接下来，让我们一探其背后的根本原因。

科技移除了人与人以及人与信息间的屏障，只要轻触手机，我们就可以随时随地了解任何事，与任何人交谈。每个人平均每隔 12 分钟就要使用一次这一便利成果。但是，这些便利成果需要你付出代价——我指的不是流量套餐费、有线电视捆绑套餐费或者和运营商就顾客服务问题理论时身心疲惫的感觉。

在当今世界中，就连神圣的教堂顶上都能装上 Wi-Fi 信号发射器，再也没有哪里是“神圣不可侵犯”的了。从会议室到洗浴室，科技给我们带来的大量信息已经超过了我们能够吸收的极限，冲散了我们的注意力。研究表明，只要你和手机共处一室，哪怕它处于静音或者关机状态，也会分散你的注意力！

2016 年，美国人每天盯着电子屏幕的平均时间可达近 11 个小时。除去睡觉的 6 ~ 8 个小时（这也是手机造成的后果），每天远离电子屏幕的时间只剩大约 6 个小时。除去通勤、做饭、做杂事的时间，你能清楚地意识到：我们停下来认真思考的时间正在减少。

而坐下来写笔记给了你这个宝贵的机会。你在写笔记时，拥有属于自己的空间，可以全神贯注地认识自己。笔记本迫使我们远离网络，这就是我们采用笔记本制作子弹笔记的一大原因。

笔记本像心灵的避难所，供我们自由自在地思考、反思、处理问题、集中注意力。

笔记本里空白的书页给你的心灵提供了一片可以安全驰骋的场地，你可以随心所欲地表达自我，免受他人的评头论足，无须理会他人的期待。提笔落字的那一刻，你便搭建起连接大脑甚至是心灵的桥梁。使用电子产品暂时还无法获得这种体验。这也是为何时至今日还有许多想法从一张张纸上诞生。

推荐使用笔记本的另一个原因在于笔记本的灵活度高。软件要么十分强大，大部分特色功能只有敢于探索的用户才能挖掘（如 Excel），要么就为了追求实用而牺牲特色，只保留一些特殊用途（如手机 App）。上述情况都迫使你只能在他们预设的框架下进行操作。许多旨在提高效率的方法都面临一大难题：如何应对无限多变的个性化需求。与之相反，笔记本完全归使用者所有，使用者的需求不会受到限制，只要敢想，就有可能达成。

子弹笔记的强大之处在于可以
满足你在生命任何阶段里的需求。

在学校，子弹笔记可以是你的课堂笔记；在办公室，子弹笔记可以是组织项目的工具；在家里，子弹笔记可以帮助你确立并追踪目标。比如，罗宾在子弹笔记中设计了一份打卡表，借助这份打卡表，她坚持冥想了 432 天。她还用同样的方法探究导致睡眠紊乱的原因。这份打卡工具可不是我发明的，是她自己想到的。

子弹笔记的设计方式决定了它可以同时具备多种用途。不要把它想成一种单一的工具，要把它想成一个工具箱。它可以帮助你把效率集中在一处。你会获得更全面的人生观，会发现生活中潜在的各种联系。正如子弹笔记使用者伯特·韦布所言："每当我在进行每日回顾、每周回顾和月度回顾时，前后翻阅我的子弹笔记，我总能把许多想法联系在一起，这是我在使用电子工具时从未体验过的。"

另一个了不起的特点是，笔记本上的每一天都是新的开始。电子打卡器的记录表是一条无止境的时间轴，你看到的总是时间轴上的一点，你知道这条时间轴的开始是你设定的那一天，但是你不知道终点在何方。笔记本与此有别。每天清晨，迎接你的都是纯净、空白的一页纸，仿若在提醒你这一天还有待你书写，有待你安排。子弹笔记使用者凯文写道：“过去我总为把事情留到明天而感到不开心。但是自从有了子弹笔记，就算把昨天没做完的事情移到今天我也会觉得是有理由的，每一天对我而言都是一个新的开始。”

其最后一个特点是笔记本会随着你一起进步，你可以称之为共同成长。子弹笔记会配合你不断变换的需求，更好地发挥作用。另外，子弹笔记还有一个可爱的附加效果。多年后你回顾自己的笔记，会发现这本笔记记录了你的各种选择，以及做出选择后随之而来的体验。就像子弹笔记使用者金·阿尔瓦雷斯所言：“若把生命比作图书馆，那么每写一本笔记，就是在这座图书馆里增添了一册书。”在追求生命意义的过程中，你的生命图书馆便成了可供你随心借阅的强大资源。

在记录生活的同时，我们也记录下了大量的选择与行动以便未来参考。我们可以看到自己犯的错并从中吸取教训。同样，看到自己的成功与突破也具有指导意义。工作或个人生活上的成功与失败都有助于我们了解当时的状态和我们做出的选择。研究自己的成功与失败能在我们前行时提供许多见解与指导。

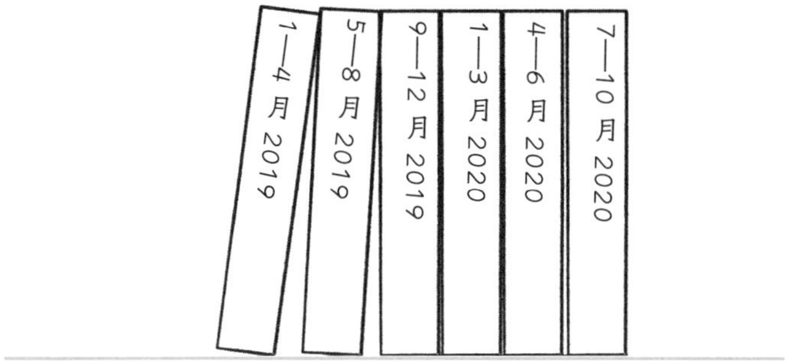

那么，子弹笔记和电子 App 是否完全对立呢？当然不是。App 中有许多独特的方法能让生活变得轻松，这些方法可能是笔记本所不具备的。无论是 App 还是其他类似物，最终都是工具，而只有方便我们完成任务的工具才是有价值的。本书的目的便是向你介绍一个工具箱，而这一工具箱恰巧已经帮助过无数人应对生活这一艰巨的任务。

动手写字

好记性不如烂笔头。

——中国谚语

通过把想法写在纸上，我们为想法带来了生气。无论是文字、图像还是整篇笔记，很少有工具能像笔一样把内心世界与外部世界进行无缝对接。在迈向数字时代之际，教人用这种古老的手写方法记录生活似乎是一种尴尬的倒退。然而，有越来越多的研究表明，在当今的电子时代中，手写的重要性在逐渐凸显。

华盛顿大学的一项研究表明，手写作文的小学生更容易写出完整的句子，阅读速度也更快。这很有可能是因为动手写字加速并夯实了写出文字并因此识别文字的能力。

比起打字，动手写字所带来的触觉训练能更有效地刺激大脑。手写同时激活了大脑中的多个区域，因此所学的知识会更深地烙印在脑中。如此一来，比起打字输入 App 的信息而言，我们对用手写记录的信息印象会更深。在一项研究中，手写记录课堂笔记的学生在考试中表现得比打字记笔记的学生更好，而且在考试结束很久之后，他们还能够记得这些知识。

提笔落字不仅是记录生活，还是努力感受生活。

动手写字在帮助我们思考的同时也帮助我们感悟。

原先人们抵制动手写字一直是因为这么做效率低下，但是现在有许多研究表明，动手写字的益处恰巧源于低效。确实如此。动手写字要花费更长的时间,但正是这一特点给予了手写在培养认知上的优势。

要逐字抄录一整场讲座或会议是不太可能办到的。我们在手写记录时，不得不精简语言，用自己的话进行概括。为此，我们不得不更加仔细地倾听，思考听到的信息，用自己的神经过滤系统从他人的言语中提炼思想,然后记录在纸上。而打字与之相反。由于记录速度快，我们更容易变成原样照搬，接收到的信息犹如疾驶在平坦高速路上的汽车，快速地从左耳进，从右耳出。

为什么用自己的语言组织笔记如此重要呢？科学研究表明，动手写字可以提高接收信息的能力，增强联想思维。动手写字帮助我们建立新的联想，得出不同寻常的解决方案和见解。通过动手写字，我们能够在增强自我意识的同时加深自我理解。

归纳生活经验的方式塑造了理解和接触世界的方法。这就是为什么日记成了治疗创伤和精神疾病的强有力的工具。打个比方，利用长篇抒情性文章将痛苦的经历具体记叙下来有助于消化痛苦。认知行为疗法（Cognitive Behavioral Therapy）就利用文字治疗患者对侵入性思维的执着。在治疗过程中,患者将这些负面想法详细地写成一小段话，然后不断地重复书写，直到这一想法开始放松对大脑的牢牢控制，患者重新获得看问题的角度和空间。我们在面对困境时都需要这么做。

到了暮年，动笔写字可以帮我们留住最珍贵的回忆。研究表明，动手写字这一行为不易让大脑老化。这些年来，不断有人向我发来邮件称赞子弹笔记。因为子弹笔记帮助这些记忆力欠佳的人保持条理，抵御年龄对记忆的损害。举个例子。现年 51 岁的子弹笔记使用者布里奇特·布拉德利如今可以记住“三个月前的天气、上个月去健身房的次数、上个月（通过邮件）预订的餐位”，还记得“六月要去度假，自己已经（提前半年）想好了要随身携带的东西，所以有充分的时间购物、做准备”。同样地，还有很多人告诉我，在使用了子弹笔记后，原本因创伤或药物治疗而受损的记忆力得到了改善。

我的一位密友曾经对我说 ：“长路即捷径。”在当今这个追求速度的时代，我们常常错误地把快捷当成效率。然而当我们走捷径时，失去的是放慢脚步思考的机会。尽管动手写字这一方式陈旧而复古，我们却可以借此抓住慢慢思考的机会。每当我们一笔一画地书写时，我们便自动把有价值的信息从喧嚣中摘选了出来。真正的效率无关速度，而在于为真正重要的事情留出了多少时间。这便是子弹笔记的要义所在。

第 2 章

结构介绍

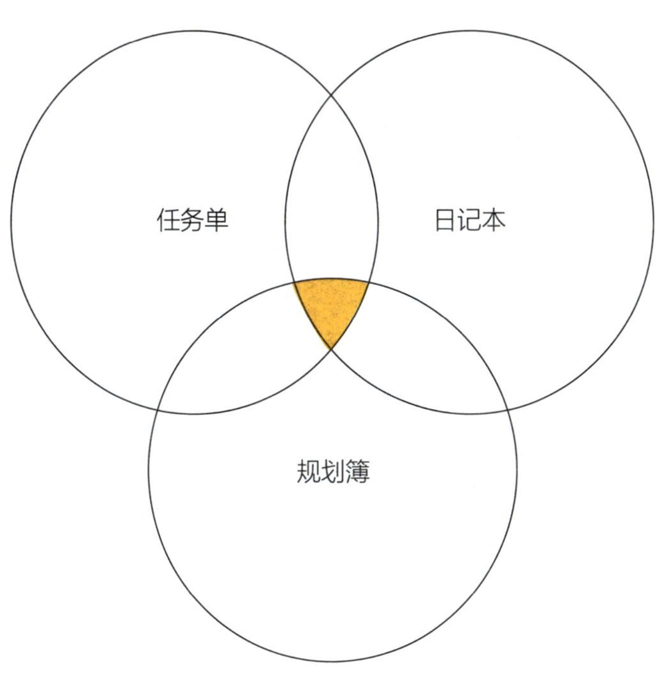

方法介绍

子弹笔记不仅可以是任务清单、日记本、规划簿、速记本，还可以是囊括这一切特点的笔记本。这种灵活性是由子弹笔记的模块化结构所决定的。为了便于理解，我们可以把子弹笔记想象成乐高玩具。无论是日常记录、月度规划还是目标完成情况记录，子弹笔记的每个模块都有其独特的功能。你可以随意组合不同的模块创造出能够满足自己需求的子弹笔记。虽然自身需求不断因时而变，子弹笔记却能够凭借其灵活性不断调整并适应你生命中的不同时节。不仅是你在发展，子弹笔记的功能与结构也在改变。

本书的这一部分将审视子弹笔记的核心内容。你将了解到子弹笔记如何运作、产生效果并形成一个大框架。如果你按顺序读到了这里，那么接下来，你就可以开始学习如何建立专属于你的子弹笔记，把思想清单上的任务移动到子弹笔记上。

如果你已经是个老手了，这一部分的内容将让你的子弹笔记技能上升一个等级。我们将深入探究你使用过的工具以及技巧，挖掘其背后的设计意图。这一部分既可作为参考又可作为指导，旨在帮助你厘清在制作子弹笔记的过程中可能遇到的各种问题。

如果这是你第一次接触子弹笔记，我建议你在动笔前通读这一部分。虽然子弹笔记的每一种方法和技巧各有功效，但其真正的力量体现在整体上。要想充分利用子弹笔记，理解各个部分如何相互影响是十分重要的。这一部分将带你了解每一个步骤，让你明白各个步骤如何运作，以及如何一步步建立专属于你的子弹笔记。

在开始之前……

以前别人塞给过我很多规划生活的方法，但是它们都行不通。我觉得那些方法都不切实际，只会让我更加沮丧低落。我最不希望你们受我之前受过的苦！

我会尽力避免把这一部分写得像说明书，但是一些必要的技术说明仍要保留。子弹笔记包含了许多活动的单元，因此我建议你把接下来的几节当作独立的章节，仔细审视这些章节，然后问问自己：这对我有帮助吗?

如果某些章节给你带来了压力，那就退一步，只采用那些你认为行得通的部分。子弹笔记的大部分方法都是可以独立使用的，所以即使省去其他部分，你也可以高效地使用某一特定部分。如果你决定再多采用一些章节的方法，你就会发现子弹笔记的各个方法聚合在一起后会产生更积极的影响。但这并不是要你努力“正确”使用子弹笔记的各个部分，而是要你有意识地选取适合你的部分，然后把这些部分聚合在一起。因此，从与你产生共鸣的部分开始吧。就算只有一小部分，也可以从这一小部分打造起。这也是子弹笔记诞生的方法：从一个一个可行的部分开始慢慢来。

关键概念

索引

利用标题和页码定位子弹笔记的内容。

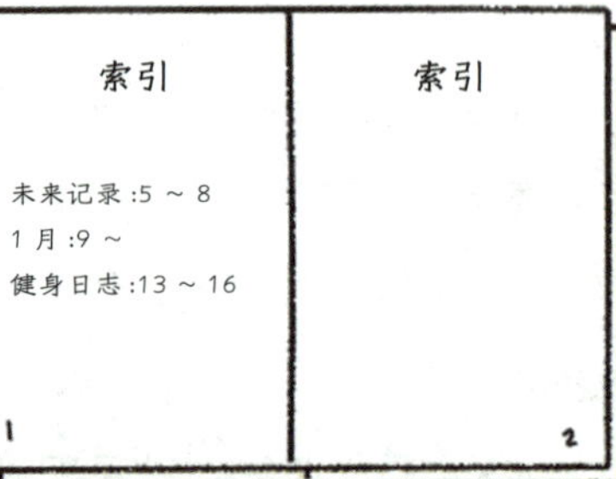

未来记录

用于记录本月以外的任务和事件。

未来记录
2 月
3 月
4 月
5
未来记录
5 月
6 月
7 月
6

月度记录

用于一览本月的时间安排和任务。也可以作为你本月的思想清单。

1 月
1 一
2 二
3 三
4 四
5 五
6 六
7 日
9

1 月
· 捐赠衣物
· 规划旅行
· 网站备份
· 预约牙医
· 预约幼儿园
10

每日记录

用于快速记录下每一天里的所有想法。

01.01. 一
· 捐赠衣物
○ 升级
× 网站备份
– 珍明天来
· 预约幼儿园
11

01.02. 二
· 蒂姆：打电话
· 瑜伽课：取消
– 周五公司关门
○ 布里特的聚会
12

关键概念

快速记录法

利用简短的记号和符号快速捕捉想法，分成笔记、事件、任务三类，并排序。

– 笔记

○ 事件

• 任务

× 完成的任务

> 迁移的任务

< 计划中的任务

~~• 不相关的任务~~

集子

子弹笔记中模块化的构成部分，用于储存紧密相关的内容。核心集子有索引、未来记录、月度记录、每日记录四种，但也支持个性化设计。

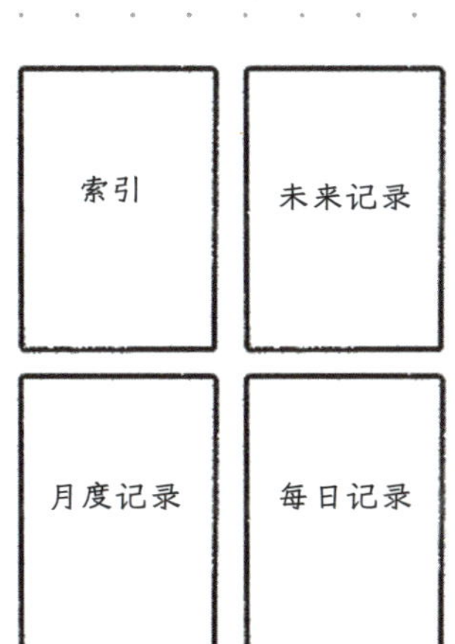

迁移

每月从笔记本中过滤掉无意义的内容的过程。

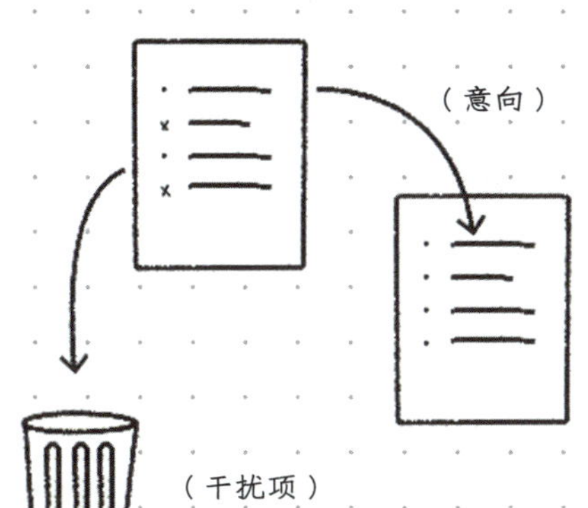

快速记录法

快！想一想别人最近对你说的一件有意义的事是什么？想不起来？好吧，换个简单点的问题。两天前的午餐你吃了什么？如果你的大脑一片空白，放心吧，不是只有你一个人会这样。这证明，要想精确捕捉我们的生活体验，记忆是靠不住的。

在我们的生活里，无论酸甜苦辣，都是经验教训。我们珍视这些经验教训，我们记录下这些内容，如此便能够研究学习，品鉴其中的谆谆教诲。我们从中学习，我们从中成长。如果我们抛弃从生活经验中学习的机会，那么就像人们常说的，我们会因重蹈覆辙而自我谴责。

记笔记提供了一个加强自我了解的有力方式。传统笔记的问题在于结构松散又占用时间。与之相反，子弹笔记利用快速记录法（Rapid Logging）作为书写语言，这一方法剔除了所有不重要的事情，充分利用了笔记的优势。一言以蔽之，快速记录法以不断更新的列表形式帮助我们捕捉并管理想法。

快速记录法会帮你高效地同步捕捉生活，
从而帮助你研究自己的生活。

下一页的图示展示了用传统方法和快速记录法来记录相同信息的区别。有关符号和结构的讨论会在下文详细展开。但即使是从目前的展示中，我们也能很容易地看出快速记录法简洁明了的特点。这种简化后的记录为我们节省了大把时间，能够轻松适用于忙碌的生活。

子弹笔记使用者雷伊·切斯希尔这样说道："我是英国一所重点高中里的理科老师。有时当我们试图把许多东西塞进生活里时，生活会变得有点忙乱。这时候快速记录法便能发挥作用了。比如，有时领导突然要来视察，有了子弹笔记，我就能迅速反应出领导到来之前我需要做哪些准备工作。"

无论是在家里、学校还是工作场所，快速记录法都能帮你有效地处理一天中让你晕头转向的一堆事。

传统笔记

- [x] 给基思回电话决定这周末要上哪儿吃饭。

- [ ] 再给希瑟发封邮件，问问艾克米公司的项目参与许可证。把文件发给参与者，获得他们签字之后再开工。

给艾克米公司的用户体验展示 2 月 12 日完成。

- [ ] ~~给利发一封邮件，问问她 4 月 21 日的聚会。~~

公司 13 日放假。

玛格丽特似乎把反馈记在了心里，这让我很惊喜。她主动提出帮忙管理项目资产，而且更加融入这个团队了。她的工作也进步了。

- [ ] 打电话取消瑜伽课。

- [ ] 给金订一个下周四的生日蛋糕。一定不能含麸质，因为她过敏。

- [ ] 在项目打卡记录上给艾克米公司的项目多加些时间。

早上百老汇那一带封路了，我只好绕路去上班。路上开了一家新的咖啡馆，我一定要找时间探店。路上还有好些美景，我摇下车窗享受这一段路程。以前我总是匆匆忙忙地去上班，完全忘了竟有这样一条路。到公司的时候虽然迟到了，心情却格外的好。

- [ ] 规划旅行

共 342 个字

快速记录法

04.01. 四

• 基思：回电话：周六晚餐

* • 艾克米公司：许可证

  • 希瑟：发邮件要文件

  > 发文件到参与者邮箱

  < 获得签字

– 艾克米公司：用户体验展示 2 月 12 日

~~• 利：回复 4 月 21 日的聚会~~

– 公司 4 月 13 日放假

○ 玛格丽特：主动帮忙管理资产

  – 表现得更积极投入

  – 参与度增加

04.02. 五

× 取消瑜伽

• 金：生日蛋糕

  – 过敏：不能有麸质

  – 周四聚会

* • 艾克米公司：增加时间

○ 百老汇封路，得绕路走

  – 发现新的咖啡馆

  – 路程更美好

  – 到公司时更放松

• 规划旅行

共 172 个字

（少了将近一半！）

标题与页码

制作速记笔记的第一步就是选定内容。你需要定一个标题，标题没有特殊的要求，可以就是简简单单的四个词——“购物清单”。和子弹笔记中的许多内容一样，就算是标题也不仅供眼观而已，确定标题其实有三个功能。

1. 确定并描述内容；
2. 阐明意图；
3. 设定内容安排。

有多少场会议都是在没有安排妥帖的情况下糊涂度过的？通常来说，这样的会议都没什么效果。在你开始之前，先暂停下来、做好安排，能让你专注、有条理地高效利用时间。

给笔记加上标题就提供了这样一个暂停的机会。在确定标题时，你会产生许多疑问。我会收获什么？这有什么目的？这会给生活增添什么价值？这些问题看似多余，但是我想说的是，我曾经无数次地坐在桌前看着我制作的清单，发现它根本不会给我的生活带来任何意义。重温我今年看过的电视剧有意义吗？没有。我完全可以把这部分时间投入有意义的事情上。有些时候这种暂停的机会还能帮助我明确自己的目标，保证笔记上的内容都是紧密相关的。标题一个接一个，停下思考的机会也一个接一个，我们在此过程中不断打磨着自己专注于要事的能力。

带着意向去生活，常常只是
需要在行动前停下来认真规划。

最后，好的标题可以方便查阅。说不准就有可能要往回查找某个特定话题呢？比如,有两个标题,一个是“10 月 13 日,第四次会议笔记”，另一个是“10.13. 四（月 / 日 / 星期几）/ 艾克米公司（客户姓名）/ 重新启动网站（项目名称）/ 用户反馈（会议重点）”,前者就不如后者实用。

确定好标题后，把标题写在页眉处。如果把这份笔记视为一项建筑工程，那么现在，你就建好了地基，但是没有具体地址的话你就无法准确定位了。子弹笔记中的“地址”就是页码。所以，确保你写的每一页都有相应的页码。使用索引（第 101 页）时页码至关重要。在这里我先做个小提示：索引可以帮助你快速定位。

只有每日记录（Daily Log，第 90 页）才无须使用上文中的描述性标题。每日记录包含了我们所有的想法，所以仅仅以日期为标题即可。标题的格式是“月 / 日 / 星期”。这个标题会在你匆匆翻阅笔记时帮你快速找准方向。

上述这些内容在真正动手实际操作时要比解释起来容易得多。在实际操作过程中，你只需要思考几秒就可以提笔落字了。现在，标题和页码已经就位，你可以在笔记本上写下任何你想写的内容了。

04.01. 四

- 基思：回电话：周六晚餐
- 艾克米公司：许可证
  - 希瑟：发邮件要文件
  - 发文件到参与者邮箱
  - 获得签字
- — 艾克米公司：用户体验展示 2 月 12 日
- ~~利：回复 4 月 21 日的聚会~~
- — 公司 4 月 13 日放假
- ○ 玛格丽特：主动帮忙管理资产
  - — 表现得更积极投入
  - — 参与度增加

04.02. 五

- 取消瑜伽
- 金：生日蛋糕
  - — 过敏：不能有麸质
  - — 周四聚会
- 艾克米公司：增加时间
- ○ 百老汇封路，得绕路走
  - — 发现新的咖啡馆
  - — 路程更美好
  - — 到公司时更放松
- 规划旅行

别忘记标上页码！

子弹短句

如果快速记录法是子弹笔记采取的书写语言，那么子弹短句（Bullet）则是句法。写好标题和页码之后，你就可以用短小客观的句子捕捉想法了。我们称这种短句为“子弹短句”，或“子弹”。每类子弹短句都配有特定的符号以示区别。我们使用子弹短句的原因不仅在于省时，还在于子弹短句迫使我们提炼出最有价值的信息。

高效的子弹短句需要我们在简洁与清晰之间取得平衡。太短则以后难以理解，太长则浪费时间。举个例子。“尽快回电！”就太短了。你要给谁回电话？什么时候回？为什么要回？忙碌一天过后很容易就会忘记。与之相反，“尽快给约翰回电话，他想知道你什么时候才可以准备好六月的销售数据”又太长了。改成“回电话给约翰：六月销售数据”，说的还是同一件事，字却少了很多。稍后我将向你展示如何利用特殊符号（Signifier）给任务（Task）排列轻重主次（第 84 页）。

既要保持简洁又要不失原意需要勤加练习。但是日积月累后，我们就会明白什么才值得记录。这一点至关重要，因为我们的生活纷繁复杂，有许多事情需要我们记录。如果你曾经有列各种清单的习惯，你应该了解计划赶不上变化的情况会经常发生。这些内容往往缺乏背景，也没有主次轻重。快速记录法利用了几种方式来解决这一问题。第一种是把项目分成以下三类。

1. 你需要做的事情——任务（Task）
2. 你的经历——事件（Event）
3. 你不想遗忘的信息——笔记（Note）

每类子弹短句前都标有特定的符号，以便在基础的清单上添加这条子弹短句的背景与功能。这些特殊符号能够帮助你快速捕捉想法，也能够帮助你通过特定的背景理解想法。往后这些符号也能帮你更加方便地定位到特定的内容。下面详细了解各种分类，看看子弹短句如何使你的笔记变得井井有条又简明高效。

任务子弹

任务子弹在子弹笔记中占有很大比重。你可以把每一条任务子弹想成一个方框。(老式的子弹笔记确实采用过这种形式，但后来我们发现这不如直接在子弹前加一个点高效，因为画框更费时，看起来也更潦草，降低了可读性。)任务子弹前加上“•”这一符号，写起来更快，也更清晰、更灵活。点可以轻易变成其他形状，这一点很关键，因为任务子弹有五种不同的形态。

• 任务：

需要采取行动的事项。

× 完成的任务：

已完成的事项。

> 迁移的任务：

被你推迟到下一份月度记录（第 94 页）或某个特定集子（第 88 页）里的事项（因此采用了右箭头）。

< 计划中的任务：

不在本月范围内的事项会被提前到笔记本开头几页的未来记录

（第 98 页）中（因此采用了左箭头）。

- ~~不相关的任务：~~

  可能是事情的意义变了，也可能是环境变了，有时我们提前给自己安排的事项现在不重要了，如果确实如此，这件事就会分散你的注意力。剔除它吧，少一件事就少一分担忧。

主任务和次任务

有些任务需要分几步来完成，这些从属的任务——或称“次任务”（Subtask）——可以简单地缩进列在主任务（Master Task）下方。只有完成全部次任务或者次任务与主任务不再相关时才可认为主任务已经完成。

小提示：如果某个主任务下方有多个次任务，那么这个主任务很有可能是一个大项目。如果确实如此，这个主任务可以自成一个集子（第 88 页）。以规划旅行为例。规划旅行可能十分复杂，涉及寻址、安排交通等多种任务，而每一项任务又可能包含许多次任务（如在线浏览甲、乙、丙酒店的官网、查询飞机票、租车）。如果你发现某个任务变成了大项目，而当下又没有时间建一份新的集子，那就写一条任务子弹提醒自己稍后建立集子，比如：“• 创建夏威夷旅行集子”。这个例子很好地展示了子弹短句如何帮助我们增强记忆。

04.01. 四

× 基思：回电话：周六晚餐

• 艾克米公司：许可证

  • 希瑟：发邮件要文件

  > 发文件到参与者邮箱

  < 获得签字

– 艾克米公司：用户体验展示 2 月 12 日

~~• 利：回复 4 月 21 日的聚会~~

– 公司 4 月 13 日放假

○ 玛格丽特：主动帮忙管理资产

  – 表现得更积极投入

  – 参与度增加

04.02. 五

× 取消瑜伽

• 金：生日蛋糕

  – 过敏：不能有麸质

  – 周四聚会

• 艾克米公司：增加时间

○ 百老汇封路，得绕路走

  – 发现新的咖啡馆

  – 路程更美好

  – 到公司时更放松

• 规划旅行

写下任务有双重作用。首先，记下未完成的项目后，即使笔记本不在手边，也不太容易忘记。这一现象是由蔡格尼克记忆效应导致的。该效应由俄罗斯精神病专家、心理学家布卢马·沃夫娜·蔡格尼克（Bluma Wulfovna Zeigarnik）提出，他发现当地一家餐馆的员工可以记住一串复杂的点单，但是等这些点单送给顾客后他们马上就忘了。所以，未完成的任务会吸引大脑的注意力。其次，通过记录任务以及任务状态，你会自动创造一套行动档案。这在进行反思（Reflection，第 131 页）时极为宝贵，也在过了数日、数月或数年后再回头翻阅这本笔记时极为宝贵。无论何时，你都能了解自己究竟为了什么而努力。

事件子弹

事件子弹与生活经历有关，子弹前标有“○”这一符号。这类子弹短句既可以提前写下（如“查利的生日派对”），也可以等事情过去后再记录（如“签了租赁合同。棒！”）。

无论事件涉及多少个人因素或情感，记录时仍应尽量保持简明客观，比如“电影之夜”和“他甩了我”这两件事的轻重应该一致。事件子弹并不要求我们记叙事件的复杂程度，这样我们便更愿意把事件记录下来。事件子弹中最为关键的一个部分就是记录。

在经历过痛苦之后，试图解释当时的情绪就算不是完全不可能，也是异常困难的。同样，快乐的体验也会带来复杂的情绪，这种情绪可能是感激，可能是成功的喜悦，也可能是因为爱人不在身边无法分享快乐的难过。上述两种情况都会给人压力，让人分心。写下事件子弹让你把这些生活经历暂时搁置一边，如此一来，你便能专注于其他重要的事情。通过记录事件子弹，你把自己的经历安全地存放在笔记本里，等你有更多时间、想法或者财力时，再去解决情感问题。

04.01. 四

× 基思：回电话：周六晚餐
• 艾克米公司：许可证
  • 希瑟：发邮件要文件
  > 发文件到参与者邮箱
  < 获得签字
– 艾克米公司：用户体验展示 2 月 12 日
~~• 利：回复 4 月 21 日的聚会~~
– 公司 4 月 13 日放假
○ 玛格丽特：主动帮忙管理资产
  – 表现得更积极投入
  – 参与度增加

04.02. 五

× 取消瑜伽
• 金：生日蛋糕
  – 过敏：不能有麸质
  – 周四聚会
• 艾克米公司：增加时间
○ 百老汇封路，得绕路走
  – 发现新的咖啡馆
  – 路程更美好
  – 到公司时更放松
• 规划旅行

举一个例子。迈克尔曾经遇见了一位让他非常心动的女士，然后他坠入了爱河。虽然恋爱才开始几个月，但他觉得一切似乎都预示着两人之间强烈的情感还有美好的未来。直到有一天，对方约迈克尔出门吃饭。在餐厅里，迈克尔坐在她对面，觉得有些不对劲，于是问她发生了什么。她告诉他说，自己不想再看见他了。迈克尔惊呆了，忙问她为什么。她给不出答案，只是觉得两人的感情走到头了。

在接下来的几天里，迈克尔一直处在痛苦中，他有一种失落感，仿佛自己遗失了什么稀奇罕见的东西。过了几周，他振作起来，重新拾起自己的子弹笔记，里面满满的都是他的恋爱日记。他一页一页地翻看他们的恋爱故事，结果惊讶地发现，在这段短暂的恋爱中，没有一件事如他记忆中美好。每一条记录勾画出的人物形象都与他记忆中的相去甚远，对他一点也不友善。这些他笔下的实情最终让他走出了失恋的阴霾。

如果没有子弹笔记，这位子弹笔记的使用者或许就无法清醒地看到恋爱中的问题，无法收获上述宝贵的顿悟。客观记录生活体验可以成为一个强有力的工具帮助你前行。这样的例子还有很多。但是，子弹笔记不仅可以用来强调消极的一面，它还可以帮助你留意积极的一面。在进行年终总结的时候我们可能会觉得自己一事无成：没能去成夏威夷、没能获得期盼的晋升或者没能找到理想的房源就选择了草草将就。我们总是带着消极的偏见。但是翻阅子弹笔记可以帮助我们矫正这种错误观念。子弹笔记里记录了我们的庆祝活动，完成的项目，达到的健身目标，获得的健身阶段性成果，孩子和宠物的可爱举动，与朋友、孩子、父母、伴侣的交心，等等。

我们的记忆靠不住。我们常常欺骗自己相信生活中有偏见和不真实的那一面。研究表明我们回忆中的感受与当时真实的感受可能存在天壤之别。我们对美好事件的回忆可能是消极的，而对消极事件的回忆可能是美好的。哈佛大学心理学家丹尼尔·吉尔伯特（Dan Gilbert）把我们的记忆比作画作而非照片，因为我们的大脑会对记忆进行艺术加工。

我们常常遵循过去的经验做出判断，因此真实记录事件十分重要。如果我们完全依靠记忆，很容易就会因为错误幻想出某事带来的效果而重蹈覆辙。所以，无论事件是大是小，是好是坏，都如实记录吧。经年累月后，这些事件便会成为你生命的精准路线图。了解自己如何走到今天将让我们在前行过程中做出更明智的决定。

小提示 1：我建议在事件过去后及时记笔记，这样细节才能被有效、准确地记录下来。每日反思（第 134 页）很好地满足了这一点。

小提示 2：像生日、会议、晚宴这种安排在本月之后的事件要添加到未来记录（第 98 页）中。

小提示 3：对喜欢写长篇或者抒情性笔记（第 258 页）的人而言，如果你们觉得某件事情有特别重要或有趣的细节可供后续使用，可以在事件子弹下方加上笔记子弹（第 80 页）。但再强调一次，记得要保持简洁。

o 和萨米在埃尔帕斯托约会

– 她迟到了 15 分钟。既没有提前发短信告诉我，也没有道歉。

– 取笑我为了这次约会精心收拾打扮。

– 她点了很多但剩了很多，而且没有主动埋单。

– 牛油果沙拉棒极了。

笔记子弹

笔记子弹前带有“—”这一特定符号。笔记子弹包括事实、主意、想法、评论，是你想要记住，但又无须或无法即刻采取行动的信息。这一类子弹短句非常适用于会议、讲座、课堂等场合。我们都知道什么是笔记，因此我不再赘述。让我详细说明一下这么做笔记的技巧、方法和好处。

要记录简洁的笔记要求你提炼出核心信息。你在会上或课上记的笔记越多，你就越少花时间思考主讲人究竟说了什么，而是把大量注意力用在了原样照搬上。

词汇的选择既要有意义又必须简短，就会迫使你进行思考。通过询问自己什么才至关重要以及为什么至关重要，你就会从被动接收信息转变为积极聆听信息。常言道，开始聆听之时，就是开始理解之时。子弹笔记的一大要点就是帮助我们更好地聆听周边的世界以及自己的内心，从而让我们开始理解生活。详细内容请见第三章。

04.01. 四

× 基思：回电话：周六晚餐

• 艾克米公司：许可证

  • 希瑟：发邮件要文件

  > 发文件到参与者邮箱

  < 获得签字

– 艾克米公司：用户体验展示 2 月 12 日

~~• 利：回复 4 月 21 日的聚会~~

– 公司 4 月 13 日放假

○ 玛格丽特：主动帮忙管理资产

  – 表现得更积极投入

  – 参与度增加

04.02. 五

× 取消瑜伽

• 金：生日蛋糕

  – 过敏：不能有麸质

  – 周四聚会

• 艾克米公司：增加时间

○ 百老汇封路，得绕路走

  – 发现新的咖啡馆

  – 路程更美好

  – 到公司时更放松

• 规划旅行

深度回顾

不要在会议、课程、讲座一结束就马上放下笔记。理解信息需要联系语境。当你接收到新信息时，内容总是一点点地展开，直到听到最后一点时才能了解全貌。等事件结束之后，利用几分钟时间，坐下来好好整理刚刚听到的内容，捕捉所有的信息。结合上下文从整体回顾信息时常常会有新的见解。回顾笔记，看看能产生什么新想法，然后把它记录下来。你可以利用这个绝好的时机填补理解上的空缺或者加深理解。列一些问题也会让你在再次温习时更有针对性，也更有收获。另外，好奇心也是动力的源泉，有了好奇心，你就会更积极地思考笔记的内容。如果你真的想要了解某件事，你一定会弄明白。

内化吸收

只要有可能就尽量试着领会你能联想到的和你有共鸣的信息。下面这个例子将告诉你如何应用这些技巧。

来源：“有些动物群在英语口语中有着特殊的叫法。一群火烈鸟可以用 flamboyance 这个词，一群乌鸦可以用 murder 这个词……一群哈巴狗可以用 grumble 这个词。”

无效笔记：有些动物群在英语中有特殊叫法。

有效笔记：一群哈巴狗可以用“grumble”！一群乌鸦可以用

“murder”！

尽管第一条笔记十分简洁，但若过几周再来看，你可能就会产生疑惑,觉得这条笔记说的是“哺乳动物”“爬行动物”这样的总称。相反，第二条笔记将重点放在你关心的点上（哈巴狗。如果你不喜欢哈巴狗这种萌物，那好吧，乌鸦也行），能帮你推断出更多信息。如果一群哈巴狗和乌鸦都有特殊的叫法，那么别的动物群有别的叫法也就合理了。这样既简洁又明了的笔记可能会让你联想起相关内容，你甚至会为此创建新的任务去搜寻更多内容。

用一个简单的方法来总结以上的技巧，那就是把未来的自己放在心里。如果过了一周、一个月、一年，你记的笔记自己都无法辨认，那就毫无意义了。给未来的自己一个方便，不要为了简洁起见而表述不清。只有这样，简洁明了的笔记才能保留其价值。

特殊符号和个性化子弹

任务子弹、事件子弹和笔记子弹已能满足大部分需求，但是每个人的需求各有不同，一套标准不能适用于所有人。这是子弹笔记遵循的核心原则。这也是为什么我们鼓励读者在适应了子弹笔记的基础制作流程之后进行一些个性化改动。我们会在第四章进行详细讲述。但现在，我想先让你大概了解如何通过特殊符号（Signifier）和个性化子弹（Custom Bullet）微调子弹笔记以满足你所需。

特殊符号

快速记录法比起普通记录法更具实用性的原因就在于使用了特殊符号。特殊符号用来强调特殊的子弹短句，给予其附加的背景条件。将特殊符号置于子弹短句前，达到突出短句的目的，方便我们在浏览时快速定位（第 85 页）。下面是一些我认为比较有用的符号。

04.01. 四

• 基思：回电话：周六晚餐

* • 艾克米公司：许可证

 • 希瑟：发邮件要文件

 > 发文件到参与者邮箱

 < 获得签字

– Acme 公司：用户体验展示 2 月 12 日

~~• 利：回复 4 月 21 日的聚会~~

– 公司 4 月 13 日放假

○ 玛格丽特：主动帮忙管理资产

 – 表现得更积极投入

 – 参与度增加

04.02. 五

× 取消瑜伽

• 金：生日蛋糕

 – 过敏：不能有麸质

 – 周四聚会

* • 艾克米公司：增加时间

○ 百老汇封路，得绕路走

 – 发现新的咖啡馆

 – 路程更美好

 – 到公司时更放松

! • 规划旅行

优先符号：用星号“*”表示。通常用于标注重要的子弹短句，常常与任务子弹搭配使用。不要滥用该符号，否则会本末倒置。

灵感符号：用感叹号“!”表示。通常用于标注笔记子弹。有了它，伟大的想法、个人的思考、了不起的见解都不会失踪了！

个性化子弹

个性化子弹能够帮你快速捕捉符合你独一无二情况的事项。比如，对身兼数职的人来说，任务子弹可以增加一种状态，通过斜线表明这项任务由谁负责。

/ 展示。@ 凯文提供数据

凯文提供了数据之后，你就可以把“/”换成“×”以示任务完成。

个性化子弹适用于诸如“足球练习”这样规律性出现的任务或事件。练习足球可以用“H”表示（因为 H 看起来像足球场）。你可以把这条子弹短句加到月度记录（第 94 页）中，之后便能清晰地看到练习足球的时间。如果字母比图像更好记忆的话，就尽情使用吧。

小提示：尽量减少使用特殊符号和个性化子弹。快速记录法旨在尽可能减少捕捉信息时的障碍，而你创建的特殊符号或个性化子弹越多，笔记页面就越复杂难懂，办事效率也就越低。

快速记录法小结

前文介绍了快速记录法的各个部分。快速记录法能够高效地捕捉想法，并将其分别归类为任务子弹、事件子弹和笔记子弹。另外，快速记录法包含标题和页码。标题能够帮助你确定意图，页码可以帮助你在回顾时轻松定位。

快速记录法这一技巧旨在帮助你应付纷繁的日常，抵挡这一天里的信息轰炸，教你利用清晰的、标明主次的清单来面对混乱的一天。

集子

#bulletjournalcollection

无论你想变得多么井井有条，生活就是这样乱作一团，难以预测。子弹笔记通过以退为进的方式解决混乱，既然按照顺序从前往后写会显得混乱不堪，子弹笔记便舍弃了这种方式，把传统的流水记录改为模块化记录。

子弹笔记如同乐高玩具一样，由一个个模块组成。每一个模块都旨在管理、收集相关的信息。这就是为什么我们把这些模块称作“集子”（Collection）。集子可以相互转变、可以重复利用、可以进行个性化调整。可能你上个月制作了一份购物清单、安排了一场旅行、准备了一次展示，而这个月需要做一份备孕记录、举办一次聚会或者规划自己的饮食。无论你需要管理何种信息，都有适合你的集子。假设没有现成的，你也完全可以自创一个（详情请见第四章）。

集子的组合——集子套组（Stack）——完全取决于你自己的选择，而且可以随时更改。这一点使子弹笔记具有了充分的灵活性与广泛的用途。这也是为什么你在网上看到的子弹笔记都不尽相同。每一个独一无二的子弹笔记都反映了使用者当下的独特需求。

下面的章节将介绍四种不同的核心集子：每日记录、月度记录、未来记录以及统筹所有内容的集子——索引。这四个核心集子将构成子弹笔记的基本结构。接下来，让我们聚焦每一种集子的制作过程、各个集子如何相互联系，以及这些集子将如何一点一点地帮助你打理混乱的生活。

每日记录

#bulletjournaldailylog

每日记录（Daily Log）是子弹笔记的重头戏。其流水账型的模板旨在实时捕捉日常生活中的各种事情。当你深陷于日常事项中时，可以利用每日记录毫不费劲地厘清思路，然后专注于手边的事。

建立每日记录只需要你写上今天的日期和页码。就是这么简单！准备就绪以后，你就可以用快速记录法（第 62 页）将一天中的任务、事件、笔记统统记录下来。每日记录的用意就是为你的思想减负，让你明白所有事情都已被你安全地记录在笔记本当中了。

每日记录的作用超过了普通的任务清单，不仅帮你捕捉自己的责任，也帮你记录生活。在这里，你可以安安心心地表达自我，没有谁会对你评头论足，笔记本总会愉快地接纳你在这一天中产生的所有想法。多年之后，这些想法就会记录下你成长的过程，在你翻阅到反思（第 131 页）时就会发现这些想法弥足珍贵。它提供了对事件背景的认识，这是我们日常生活中常常缺失的。有了背景信息以后，我们在行动前就能更加深思熟虑。

每日记录

04.01. 四

• 基思：回电话：周六晚餐

* • 艾克米公司：许可证

　　• 希瑟：发邮件要文件

　　> 发文件到参与者邮箱

　　< 获得签字

– 艾克米公司：用户体验展示 2 月 12 日

~~• 利：回复 4 月 21 日的聚会~~

– 公司 4 月 13 日放假

○ 玛格丽特：主动帮忙管理资产

　　– 表现得更积极投入

　　– 参与度增加

04.02. 五

× 取消瑜伽

• 金：生日蛋糕

　　– 过敏：不能有麸质

　　– 周四聚会

* • 艾克米公司：增加时间

○ 百老汇封路，得绕路走

　　– 发现新的咖啡馆

　　– 路程更美好

　　– 到公司时更放松

• 规划旅行

我试过了几乎所有规划生活的方法，但没有一种让我满意，因为这些方法要求我投入大把的时间或金钱去掌握特定的技巧。

而我开始制作子弹笔记时只用了一本 25 美分的笔记本和一支自动铅笔。我发现，比起结构，子弹笔记更注重使用者的意图。随着这一天的展开，我把活动和任务一件件添进每日记录中。在子弹笔记的帮助下，我的日子过得越发顺畅。

——凯文

空间处理

我最常听到的问题就是每日记录需要多大的空间。我的答案是根据每日的需求而定。而每日的需求往往是你无法提前判断的。有些每日记录可以跨越数页，有些还写不满半页。想要预测日子如何展开几乎是不可能做到的。尽管设定一个如“今天我不要抱怨”这样的目标很有帮助，但是切记不要设定期望，因为期望是我们无法掌控的。

如果生活是大海，那么其中的每一天就像海浪一样，有的震撼，有的普通。子弹笔记就像海岸，在每一天的影响下得到雕琢。

如果今天的记录写不满一页，那明天就接着空白处继续写。永远都不应该出现不够写的情况。这也是为什么我不建议过早开始撰写每

日记录。我的建议是，要么当天动笔，要么在前一晚动笔。

一旦你熟练掌握了子弹笔记的书写技能，每日记录就不再像是一张烦人的任务清单了，它不会再像过去那样给你带来压力，而更像一种记录、一种提示、一张根据生活目标而绘制的路线图。

月度记录

#bulletjournalmonthlylog

月度记录（Monthly Log）有助于你在扎进下个月前退后一步做深呼吸。它供你一览下个月要处理的事项以及闲暇的时间。如果每本子弹笔记都是你生命故事的一卷，那么月度记录则是其中一章。月度记录内容虽少，却是这一年中的关键节点。它使我们能够定期自省，以便保持或者重新获得事情的背景、动机和重点。

建立一份月度记录需要左右两页空白页，在两页上方都以月份为标题，左边是日历页，右边是任务页（第 96 ~ 97 页）。

日历页

在日历页（Calendar Page）左侧按顺序列出日期，并在日期右侧附上星期（第 96 页）。记住在左侧留出空间，以便后续增加特殊符号。有了特殊符号，你就可以快速扫描日历页，找到特别值得注意的信息。

你可以像在传统日历上做记号一样，提前在日历页上标注出事件与任务。但是，没有什么计划是一成不变的，因此，我建议在完成之后再进行记录。这样的话，月度记录的日历页就像是一条时间轴。

未来的你会十分感激这条时间轴，因为它不仅阐明了事件内容，还交代了发生背景。这条时间线通过准确标记事件的发生时间，清晰明了地展示出你在某个月里关注的内容。

小提示 1 : 尽可能简短地记叙内容，因为月度记录仅供参考所需。

小提示 2 : 为了更加清晰明了，你可以画线区分每一周。

任务页（或思想清单）

月度记录中的任务页(Task Page)也是不断更新的思想清单(Mental Inventory)。坐下来，别怕花时间，直到把游走在你脑内的思绪都一一梳理完再站起来。想想看，这个月里有什么重要的事？需要优先完成什么？当都梳理过一遍之后，翻看上一个月的记录，看看遗漏了哪些项目，把重要的项目写到这一个月的任务页上。我们将在任务迁移（第 108 页）那一节详细讨论如何进行迁移。但现在只要知道子弹笔记不会让任务从指缝中溜走就可以了。只要任务还没完成或者还有其重要性，我们就会一直重复记下这项任务。

日历页

2月

1 一　发报纸。172.5 斤——减了 5 斤！
2 二
3 三　和迈克尔吃晚餐 @ 法罗餐厅
4 四
5 五　为贝卡践行 @ 沃尔特斯餐厅
6 六　和塔拉·布莱克的研讨会 @ 欧米茄学院
7 日
8 一
9 二　寄出纳税申报表
10 三
11 四　签署艾克米公司合同
12 五
13 六
* 14 日　盖米化学公司的报告非常顺利！
15 一
16 二　詹纳的生日派对 @ 一兰餐厅
17 三
* 18 四　失去信心了。丢了 Redrum 公司的项目 :(
19 五
20 六
21 日
22 一　重拾信心
* 23 二　发布樱花公司网站！
24 三
25 四
26 五　分手
27 六
28 日

任务页

2 月

- 施特普夫：送干冰
- 取消瑜伽课
- 取金的生日蛋糕！
- 增加项目时间
- 给琳达发旅游照
- 交房租
- 给奶奶打电话
- 洗衣服
- 预约医生
- 为维维安的婚礼买条礼裙
- 为维维安的婚礼准备背景音乐

未来记录

#bulletjournalfuturelog

由于子弹笔记是根据你当下的需要而展开的，你可能会好奇，如何为未来的需求做计划呢？为此，我们创建了未来记录（Future Log）。未来记录里包含了所有本月无法完成的项目。比如，现在是9月，而你有一个项目在12月15日前完成即可，那么，这个项目就可以放到未来记录中。

未来记录的位置在子弹笔记的头几页，紧随索引页（第101页）之后。未来记录通常需要2～4页，设计方法多种多样。我在后文中摘录了一份简洁但高效的季度模板（第100页）。

这个方法的实际效果如何呢？在接下来的每一天里，只要继续坚持做好每日记录（第90页）即可。再次强调，每日记录的目的在于防止我们浪费时间思考把事情记录在哪里。每日记录包罗万象，旨在提醒我们在把事情归类前不要忘掉这些事。等时机成熟之后，比如开始进行每日反思（第134页）时，你就可以将事项从每日记录中迁移到未来记录中。记得在移动的事项前标上“<”符号。这样你就会知道这条事项已经移动了位置，暂时可以从脑海中移除了。

你可以把未来记录想象成一列队伍，每一条事项都迫切渴望早日轮到自己。当你在创建月度记录（第 94 页）时，切记要先浏览一遍未来记录，查看是否有已经可以开展的事项。如果有，把这些事项从未来记录迁移（第 108 页）到月度记录的任务页上。记得做上记号，表明这是“迁移”来的新事项。

上手之后，你就能高效地认清你给自己在生活中规定的责任。未来记录像你脑内的时光机，向你展示你正在打造的生活点滴，让你沿着正确的方向前进。

未来记录流程示意图

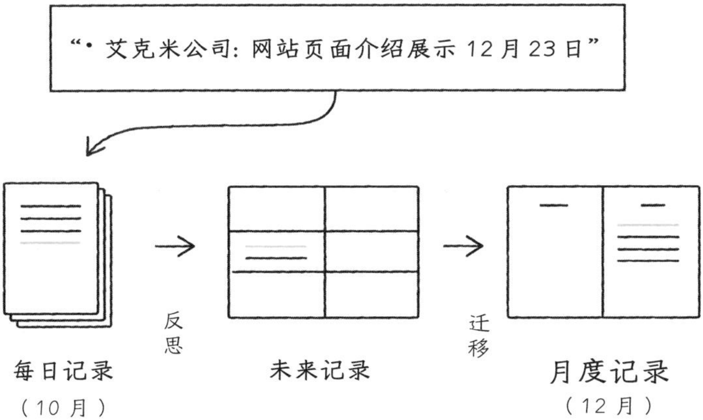

“• 艾克米公司：网站页面介绍展示 12 月 23 日”

每日记录
（10 月）

反思

未来记录

迁移

月度记录
（12 月）

未来记录

10 月

- ○ 6—7 设计大会：纽约
- • 16 马娅：晚餐

---

11 月

- • 3 詹姆斯公司：文件填写完成
- • 14 文顿视觉公司：提交大纲
- ○ 9—11 圣地亚哥之旅

---

12 月

- ○ 11 乔纳森生日
- * • 15 Yay 茶公司：网站介绍展示

索引

#bulletjournalindex

我一直有记录工作日志的习惯，日志里是我按时间顺序写下的电话交谈内容、会议纪要以及其他的工作细节。另外，我还有一本纸质的日历、一个电子的日历、一堆任务清单和便利贴。

每当我要回顾工作日志时，我都得先对着日历确定出会议和打电话的日期，或者猜一下这是什么时候发生的，然后再翻阅日志查找对应的日期。

子弹笔记很好地改进了这一套流程。我在索引页上写下了所有事情相对应的页码，现在只要对照索引页翻到相应的页码就可以查找工作日志了！

——谢里尔·S. 布里奇斯

子弹笔记欢迎你展示自己的任何一面。这一刻你可能在安排下周的规划，下一刻你可能在描画房间的布局草图，或者在作诗。尽管陶醉于制作笔记是种愉快且放松身心的体验，但是找不到笔记本里记叙的内容就断然不是美好的体验了。读到这里你可能会好奇要如何追踪不同的集子，子弹笔记会通过索引（Index）解决这一问题。

有了索引，即使过了数天、数月、数年再回头

寻找曾经的笔记，也能够很快找到。

子弹笔记的索引写在笔记本最初的那几页，它集合了目录与传统索引的优势。你可以把索引想象成包含了所有其他集子（除了每日记录）的几张纸（排除每日记录的具体原因将在下文解释）。

我建议留两张横贯左右的空白页（四张空白页）用于制作索引（官方笔记本的索引页已标出）。要在索引中加入集子，只要简简单单地写下集子的标题和页码即可（第 103 页）。

如图例所示，集子的页码之间可以留有间隔。这是因为，生活无法预料，我们常常需要转变视角，关注新问题。索引方便使用者灵活地给事项排列优先顺序。如果你还想继续使用之前的集子，但是超出了预设的页码范围，只要翻到下一张空白页按照原定的标题继续写下去即可。但要记得在索引上更新页码范围。下面是示例。

索引

未来记录：1—4

1 月：7

用户行为项目：

- 头脑风暴：11—12
- 研究调查：13—18
- 用户行为：19—20
- 用户行为二：21—22

4 月 1—7 日饮食记录：23—24

阅读清单：25

绘画：25—29，32，36

2 月：37

次集子

当你目前进行的项目有许多分项时，每一个分项都应该配有专门的次集子（Subcollection）。正如第 103 页的图例所示，“用户行为项目”下有四个分项，每一个分项都是项目中独立的一个部分。

专用索引

有些子弹笔记针对特定的主题。如果你是学生，主题可以是你的学业；如果你是项目经理，主题可以是追踪项目的不同部分。在上述这些情况中，你可以使用专用索引（Dedicated Index）。专用索引与标准索引大同小异，只不过每张索引页都用来记载特定的话题。

因此，如果你修习的课程包括科学、英语、数学和历史，你可以为每一个科目都设立一张专用索引页。比如，你在学习美国历史，那么索引页中就可以有一页以“美国历史”为主题。每一堂课都可以作为一个主集子，而课堂中的每一个话题都可以作为次集子。

美国历史（索引页）

独立战争：（主集子）

莱克星顿战役：10—14
提康德罗加堡战役：15—20　}（次集子）
邦克山战役：21—32

艾克米公司新网站

头脑风暴：10—15

网站设计：

用户流：16—26

用户流／回顾／0419：27—28

线框图：29—40

线框图／回顾 1/0425：41—43

线框图／回顾 2/0501：43—46

设计：47—52

设计／回顾 1/0510：53—54

设计／回顾 2/0510：55—57

用户测试：58—61

网站内容：

内容策略：70—75

更新后的输入输出系统／片段描述：76—83，99

产品描述：84—85，92—94

专用索引不仅局限于课堂。上述例子就是为成立公司新网站而创建的另一种专用索引。

引线法

虽然索引功能可以帮你高效地定位，但有些人可能会认为这样需要不断对着索引翻来找去。有一个解决办法是：引线法（threading）。

子弹笔记社区里有一位成员名叫凯里·巴尼特，他是一位软件工程师。我从他那里学到了这一技巧。这个技巧很快就被用进我自己的实践中，并深得我喜爱。这一方法最初源于计算机编程领域，代码可以由此进行连接。在子弹笔记中，我们利用相同的概念，把前后两种相关的情况连接起来。

比如，你在第 10 页到第 15 页创建了一个集子（第一部分），之后随着时间的推移，你的生活重心转移到了其他事上。后来你想恢复记录那个集子，于是又在第 51 页到第 52 页继续记录（第二部分）。之后你的重心又转移了，然后又在第 160 页到第 170 页继续记录（第三部分）。

要把这些零散的部分串联起来只需要在前一个部分的页码旁写上后一个部分的页码。比如，可以在第二部分第 1 页的页码“51”旁写上“10”（以此连接到位于第 10 页到第 15 页的第一部分），在

引线法

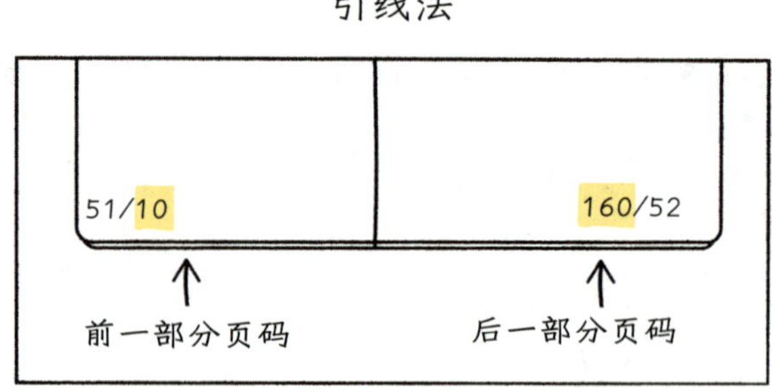

第二部分最后一页的页码“52”旁写上“160”，连接到位于第160页到第170页的第三部分。这样无须对照索引页也能在各个部分中快速定位了。

后来子弹笔记社区成员金·阿尔瓦雷斯改进了这一技巧，把分布在不同子弹笔记本中的内容串在了一起！如果你想在新的笔记本上继续记录一个集子，但又不想重复之前的内容，就可以使用这一方法进行衔接。以“阅读清单”为例。如果第一部分在第二本子弹笔记本的第34页，你可以在新笔记本的“阅读清单”集子的页码旁写上“2.34”。此处的“2”代表笔记本的册数，“34”代表集子所在的页码。

这一技巧可以方便你将串接起来的内容记录到索引中。如果你想在新的笔记本上加上先前的内容，你需要做的仅仅是在索引页上添上这么一行字：阅读清单：(2.34)，13。

随着时间的推移，你的索引页就会拓展成一张“目录”，供你一览自己的时间和精力都投向了何方。这上面记录了所有你同意自己进行的事项。记住，有同意就有放弃。既然同意了自己放手去做一些事情，就意味着要牺牲另一些事情。

利用索引帮助自己在值得做的事情上保持专注。

任务迁移

在不该做的事情上保持高效徒劳无益。

——彼得·德鲁克

教我们创建清单的效率管理法有很多，但是这些方法鲜少鼓励我们重温清单。随着任务不断累积，任务清单很快就会变得没有尽头、不可控制，让我们难以承受、失去动力。我们很容易忘记一点，可以完成某件事不代表我们就应该完成这件事。

提高生产力的方法在于

通过更少的事情完成更多的工作。

我们需要保持警惕，定期审视自己的任务，这样就可以把时间和精力放在真正重要的事情上。在子弹笔记中，任务迁移（Migration）可以帮助我们养成这种好习惯。

任务迁移需要我们将子弹笔记上的某些内容重新写到另一页上。这听起来很费力，但它有一个重要的目的：帮助我们摒除杂念。因为用手写字更费时间，我们得以停下来思考每个事项，如果某个事项甚至都不值得我们花费几秒钟时间抄写到新一页上，那么该事项可能并不重要，你就可以放弃这一项了。你真的需要参加那个活动、为某人跑腿、办那场派对、提交那份报告吗？虽然有时候必须如此，但大多数时候其实不然。

在一天的忙碌当中，我们总会捎上许多不必要的任务，因为比起在当下仔细评估任务的意义而言，直接答应下来更不费脑。无意义的责任就这样迅速累积，不断榨取你的脑力资源。通过重写，你有机会重新审查这些任务，从而扔掉那些无用的东西。简而言之，任务迁移让你握住生活的主动权，避免你在对生活毫无价值的事情上浪费大把时间。

月度迁移

任务迁移主要在月底你准备好创建新的月度记录（第 94 页）时进行。比如，在 4 月的最后几天里，你就要为 5 月创建月度记录。创建完成之后，仔细浏览一遍上个月的记录，回顾各项任务的完成情况。很有可能你根本没有完成。这是十分常见的现象。把负罪感转换成好奇心，问问自己为什么没有完成这些任务。这些任务重要吗？紧急吗？如果没有完成会有什么后果？

如果你发现某项未完成的任务与目前的生活无关，那就剔除这一项任务。花一小会儿好好享受重获时间的快感。给自己加油打气，你取得了成功！所有的成功，无论大小，都值得我们花时间欣赏。

如果某项任务仍与目前的生活有关，仍会为你的生活带来价值，那就迁移这项任务。有三种不同的迁移方式。

1. 迁移到下一个月的月度记录（第 94 页）中，在旧的任务前标明“>”符号；
2. 迁移到个性化集子(第 230 页)中,在旧的任务前标明“>”符号;
3. 如果该任务有明确的完成时间，而且不在本月之内，那就把这项任务移动到未来记录中。在旧的任务前标明“<”符号。

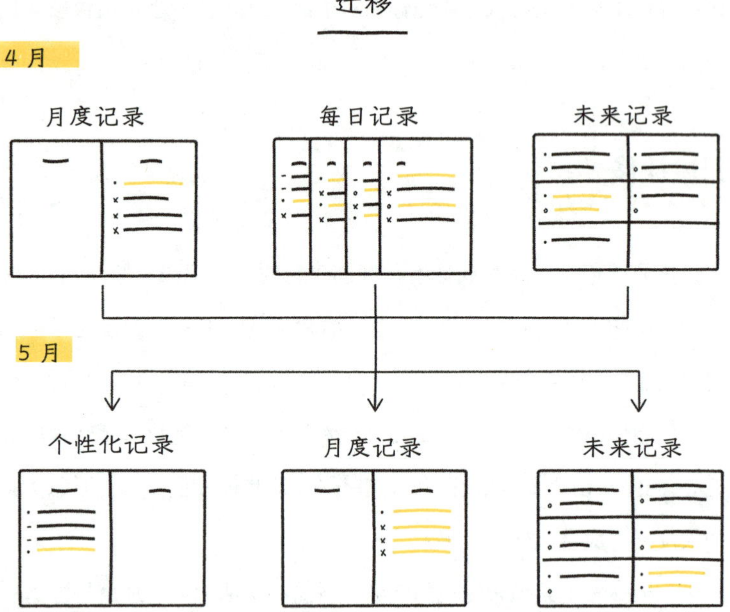

*个性化记录用来记录相关的信息，如引述的内容、要读的书、项目细节，等等。

小提示 1：在创建新的月度记录前，先检查一遍未来记录。未来记录中有下个月需要完成的任务或事件吗？如果有，把这些事项从未来记录迁移到月度记录的任务页或日历页中。

小提示 2：如果你还处在子弹笔记的入门阶段，第一次进行月度迁移会让你豁然开朗。这就是为什么我鼓励子弹笔记的初学者至少尝试两三个月的时间。

年度迁移 / 全书迁移

无论你目前的子弹笔记写到了何处，新的一年都要换一本新的笔记。这一点看似浪费，但是在恰当的时机使用新的笔记本却能给我们带来动力与干劲。新年之初便是一个恰当的时机，因为新年，无论从字面还是内涵上看都不可避免地是一个重要节点。新年通过新颜描绘旧貌，通过未来感悟过去。为什么不用一个崭新的开始迎接这种机遇呢？新年给我们借口摆脱肩上沉重而又无用的负担，让我们轻装上阵踏上征程。

在快要写完一本笔记本或者在年底的时候，回顾索引，盘点所有你列出的集子。索引页上十分准确地展示了你的时间与精力都用在了哪里。现在，是时候打场硬仗了。这些集子（以及其中未完成的项目）需要写入你的下一本笔记中吗？

迁移使我们在上一段人生经历中吸取的经验教训得以延续、巩固。记住，迁移的内容可多可少，但一定要是由生活经验证明有价值的内容和技巧。一本新的笔记不是要我们从头开始，而是要获得提升。

迁移的过程是一种有益的回顾，能够让你看清自己的责任与义务为你带来了什么，又带走了什么。认真浏览一遍你的笔记，因为在这个过程中，你将看到自己的生活故事通过笔尖在眼前展开。每一册子弹笔记都是你生命故事的其中一册。这代表了你想要的生活吗？如果没有，那就利用好你吸取的经验教训，在下一册中做出改变。

小提示：每周记录（#bulletjournalweeklylog）：有些子弹笔记使用者喜欢以周为单位进行迁移。而我只有在忙到不可开交时才会这么做。我对抄写没有特别的癖好，因此只有在这么做可以保持最佳状态时才会动手抄写。还有其他人觉得即使没有忙到不可开交，每周进行迁移也大有帮助，而且他们能够在一两张纸内就把这一整周值得记录的任务整理妥帖。再次强调，迁移的选择完全取决于自身需求。以我自己为例。我喜欢简单的每周记录，因此我继续使用每日记录的模板，只是把标题换成了这一周的日期，比如“6.14—6.21”。

迁移思想清单

初尝任务迁移的美妙前，先回顾一遍之前列出的思想清单，确保每一项任务都值得你花费时间和精力重写一遍，筛选出带有意义的项目并将其写进你的笔记本。

现在决定好未来一个月内你要执行的事项，把它写进月度记录的任务页。把未来任务和事件写进未来记录。把其他相关事项，如你想要读的书等，写进各个个性化集子。

不要担心做不对或做不好。每一个大家都是从第一次拿起工具后培养起来的。这仅仅是个开端，只要你继续使用子弹笔记，你就会进步。对自己有耐心，并记得做对自己有用的事。

来信

现在你可能会问自己 :“为什么我要费心做这些东西?”这是个好问题。在我们深入分析使用子弹笔记的原因之前，我想先分享一封子弹笔记使用者的来信。这封信充分说明了将子弹笔记融入生活能够给我们带来多大的影响。规划生活不仅是把任务从清单中画去，更是认清何为真正重要之事。

> 做父母的最怕的就是：孩子喘不过气，自己就站在旁边却束手无策。急救人员带着巨大的医药包和担架冲进来，向周边的人抛出一连串的数据和问题。孩子面色发青，双目紧闭。急救人员给孩子做起心肺复苏，你看着孩子幼小的身躯随着医生的按压弹起又落下。
>
> 这是一周前发生在我儿子幼儿园里的一幕。他的八个同班同学或多或少都有健康或是身体发育上的问题。这个特殊班级存在的意义是帮助他们像同龄人一样成长。班上的孩子除了患有小病，有的还患有多发性硬化症、囊性纤维化、自闭症，甚至还有处于癌症好转期的孩子。上文里停止呼吸的小男孩那天表现得有些古怪，

但是没有发烧或是其他生病的迹象，甚至直到发病前五分钟还和我的儿子在玩具桌上玩耍。

我就转开了一小会儿，帮另一个孩子找橙色蜡笔，突然之间，尖叫、混乱一同爆发，有人拨打了911，然后急救人员来了。急救人员给房间内注入氧气，家长和当班的老师齐心带领其余的孩子屏住呼吸，并引导他们到隔壁的教室里休息。

那天的当班家长恰巧是那个男孩的母亲。她无法冷静下来，颤抖着双手在包里翻找着什么，把包都弄倒了。焦急的母亲一边泪流不止，一边握住小男孩的手。然后急救人员赶到，把男孩的手从母亲手中抽出，开始抢救。幸好母亲还有一丝理智，从包中掏出了一本破旧的线装本。我觉得这个本子的模样很熟悉，它是一本粉紫色软封皮的德国灯塔笔记本，拉至左下角的松紧带在书脊处固定住一支笔。我认出来了，这是子弹笔记本。

母亲急急忙忙地把最后几页撕了下来，塞给不断问她孩子身体情况的急救人员。她一边摇头一边啜泣："我不知道……我不知道……"

"孩子还有心跳！"有一位急救人员大喊道。另一位则带着惊讶的目光读着那几页纸。我坐到那位母亲旁边，同情地揽过她的肩膀。我心里默默地想，有一天躺在地上的可能是我的孩子，也可能是这间教室里的任何一个孩子。

母亲声音发抖，她告诉急救人员纸上写的是什么："他的药还有剂量、他的医生、病历号、电话号、过敏史。"突然，她倒吸了一口气喊道，"还有一份突发情况记录！"我捏了捏她的肩膀鼓励她——我的子弹笔记里也有突发情况记录。随后，急救人员把孩子抬上担架，她脱口而出儿子的出生日期。

急救人员冲她点点头，说道："谢谢，这正是我们需要的信息。"然后他掏出手机拨打电话，飞快地将这些重要信息传达到手机的另一端。她跟着儿子坐进救护车，我看着救护车的车门"砰"地关上，然后疾驰而去。车灯闪烁，车笛长鸣。

晚上回到家后，我用力抱了抱儿子，然后坐在座位上翻开笔记本的新一页，写下了急救信息、药物、剂量、突发情况记录、电话号码、病历号、过敏史。那个晚上我用完了整整一包纸巾擦眼泪，才给孩子的母亲打电话询问情况。她告诉我说："他现在情况不错，医生说急救人员提前告知的信息让他们可以快速采取行动。他会好起来的。他现在情况不错。"她哽咽着重复了一遍，但我可以从她沙哑的嗓音中听出一丝感激。

过了几天，小男孩背着一个小氧气瓶回到了学校。不得不带着氧气瓶走来走去确实有些不幸，但他现在生龙活虎、眉开眼笑，这是为人父母者对孩子最大的期望了。我还注意到，其他孩子的父母现在也开始带着自己的笔记本了，可能本子里就记录着挽救孩子生命的关键信息。

谁都觉得躺进救护车里的人不会是自己的子女，自己年迈的母亲不会突然摔倒，自己也不会在交通事故后心慌意乱地无法及时提供亲人办理住院手续所需的关键信息。但是，平心而论，我们都见过这些事情发生在周边人身上。我们都曾在高速路上见过车祸现场，我们都有过答不上孩子病史的经历。把这些信息都写下来吧，随身携带着，准备好犯下子弹笔记术中的大错——在关键时刻撕掉它。也许，这么做可以换来一条生命。这条生命可能是你自己的，也可能是孩子的、姐妹的、父母的……有无条理有时可能是生与死的差别。

创建你的子弹笔记

1：创建索引 *

- 标上页码 1 ～ 4
- 写上标题“索引”
- — 只有当集子有内容以后才可以把集子页码填入索引页！

索引	索引
未来记录 :5 ～ 8 1 月 :9 ～ 健身日志 :13 ～ 16	
1	2

2：创建未来记录 *

- 标上页码 5 ～ 8
- 把这两面分成 6 等份
- 在每一格内写上接下来半年的月份
- 填入未来的任务和事件
- 填入索引页

未来记录	未来记录
2 月	5 月
3 月	6 月
4 月	7 月
5	6

3：创建月度记录

- 标上页码 9 ～ 10
- 以月份作为标题
- 列出日期和本月的任务
- 在索引页填入“9 ～”

1 月	1 月
1 一 2 二 3 三 4 四 5 五 6 六 7 日	· 捐赠衣物 · 规划旅行 · 网站备份 · 预约牙医 · 预约幼儿园
9	10

4：创建每日记录

- 标上页码
- 以当日日期作为标题
- 写下当日的任务
- — 每日记录无须填入索引页

01.01. 一	01.02. 二
· 捐赠衣物 ○ 升级 × 网站备份 – 珍明天来 · 预约幼儿园	· 蒂姆：打电话 · 瑜伽课：取消 – 周五公司关门 ○ 布里特的聚会
11	12

* 官方子弹笔记本内包含的内容。

借鉴思想清单（可选项）

5：回顾思想清单

- 画去不要紧或不重要的内容
- 找出相关的内容创建个性化集子 **（如目标、项目、购物清单）

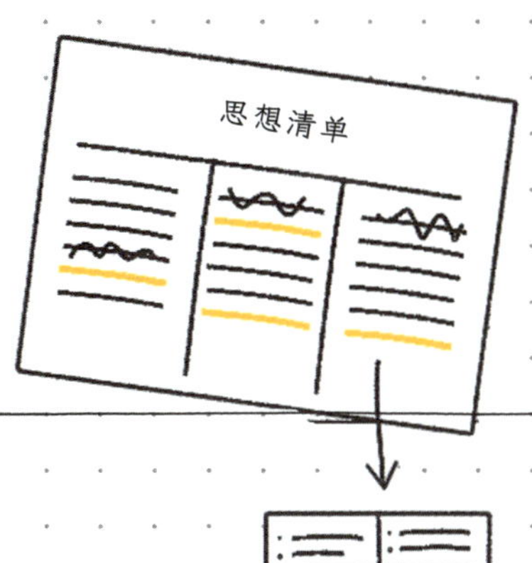

6：迁移思想清单

- 把未来事项移入未来记录
- 把当月事项迁移进月度记录
- 为月度记录排列主次
- 把优先事项迁移进每日记录
- 把附加事项迁移进对应的个性化集子 **

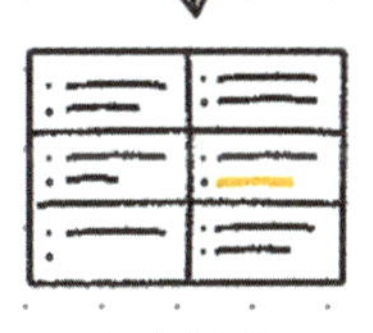

未来记录

月度记录

** 个性化集子

在第 4 章我们会详细介绍这种集子。它可以储存相互关联的内容，比如目标、项目、明确的清单等，创建的方式同上，需要写上标题和页码，也需要填入索引页。

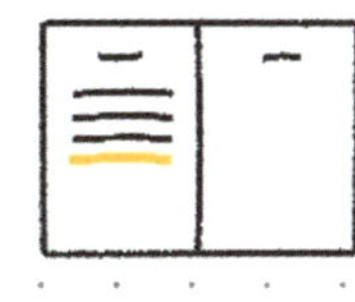

每日记录

例如

目标

食品清单

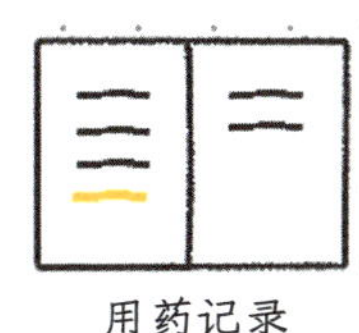

用药记录

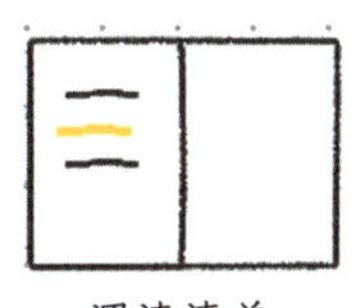

阅读清单

第 3 章

实际操作

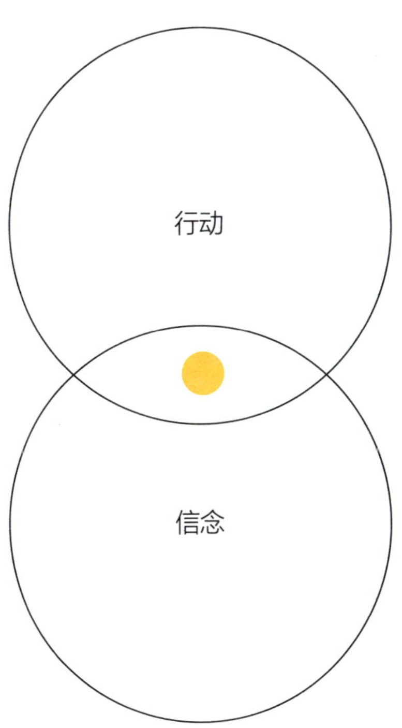

实际操作

生活就在你忙于制订其他计划时悄然降临。

——艾伦·桑德斯

读到这里，你就已经了解了制作子弹笔记的所有方法，可以开始动手规划生活了。做规划是利用有限的时间与精力履行好责任的关键一步，但是，做规划也有可能成为分心的巧妙伪装。

你可能花了好几个小时绘制任务清单，却删不掉一条；你可能会放着重要的项目不做，转而去打扫房间；你可能会花费数日、数月甚至数年井井有条地做着错误的事（就像我创办 Paintapic 公司的经历一样）。我们做了什么或者怎么做，与我们为什么做这件事相比，意义不值一提。

忙碌并不一定意味着高产。

忙碌可以说是一种循环的状态：受到刺激、做出回应、再受到刺激、再做出回应。这种疯狂的循环需要我们以付出注意力为代价，它限制了我们感受爱、成长与意图的能力。尽管这些东西能给生活增色，

但我们很容易因为一天的忙碌而忽略它们。

我们必须打破这一循环才能真正得到收获。我们必须把遇到的事和做出的回应分隔开，这样一来，我们就有机会审视自己的经历，得以了解什么在我们的掌控之中、什么具有意义、什么值得留意，以及为什么。正是在这一过程中，我们开始定义自己的存在和信仰。

对自我存在与信仰的认识是前进的关键一步。但这些认识都还仅以想法这种状态存在，而且和其他许多想法一样，会随着时间消逝。抽象的、在生活中无法发挥积极作用的想法尤其如此。若没能把想法积极运用到生活中，就算是最强烈的信仰、最有益的经验也会消散。如果现在你有机会可以定期把信仰转为现实，并且估测付诸实践以后这些信仰对生活的影响呢？

在本书的第三章中，你将了解到子弹笔记如何把你的信仰与行动联系在一起。该章的每一节都将探索各种传统哲思的要义，并且指导你在笔记本的帮助下将这些哲思付诸实践。长此以往，我们就能够明确该如何带着意向性去生活，从而在有所收获的同时找到意义。渐渐地，我们就能把这件事情是什么与为什么要做这件事情联系在一起。

关键概念

你无法创造时间，你只会消耗时间。

快乐是意义的副产品。

要快乐，就要弄清究竟什么是有意义的。

这需要你把时间花在……

通过设定目标培养好奇心。

我们通过分解目标来实现目标的原因在于……

小小的问题和方案会随着时间推移带来巨大的改变。

高产的要义在于持续改进。为达到这一点，你必须……

看清内心可以看到向前的路。

划出一段专门的时间用来反思笔记本上的内容。优先完成重要的事情，剔除不重要的事情。

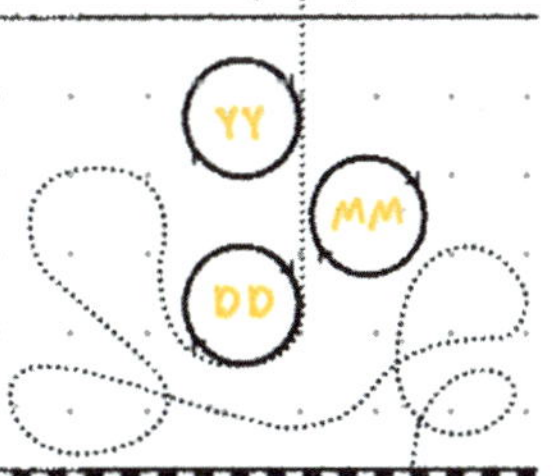

拒绝开始就等于失败。

如果你尽力尝试过却失败了，那么你只失败了一次。

如果你退缩了并失败了，那么你就失败了两次。

因为你知道自己没有尽力尝试。

你要做的只是……！

开始！

关键概念

更好 > 完美

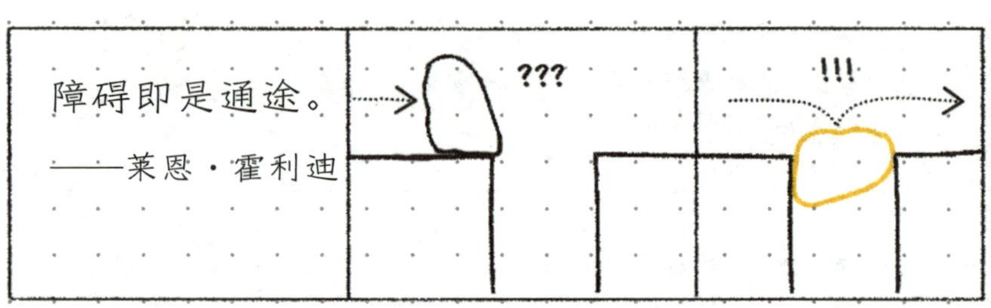

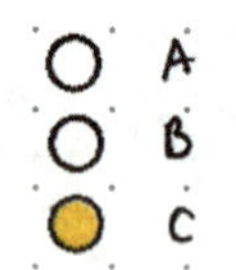

唯一受你掌控的就是你回应的方式。
把注意力放在你无法掌控的事上只会让这些事情控制你。因此，关注那些受你掌控的事吧。

要想做个有用的人，你必须对人有帮助，对自己尤为如此。
如果你无法改变内心世界，你就无法改变周围的世界。寻觅良友，同时要与自己为友。开始吧……

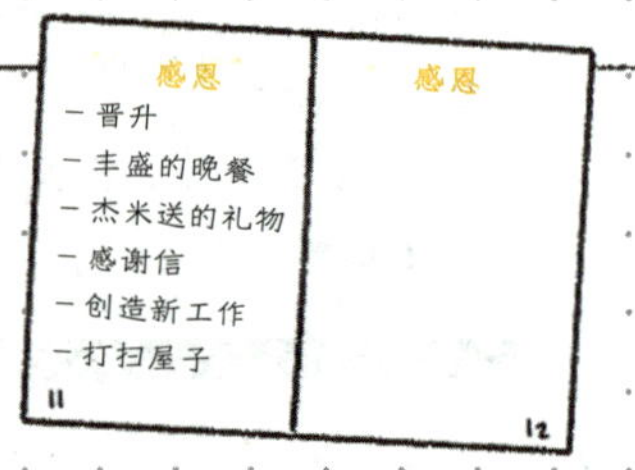

审视生活中的美好。
如若不加以欣赏，成就就是一场空。如果你都不欣赏自己的辛劳工作，那这样的辛劳还有何意义？！因此，重要的是……

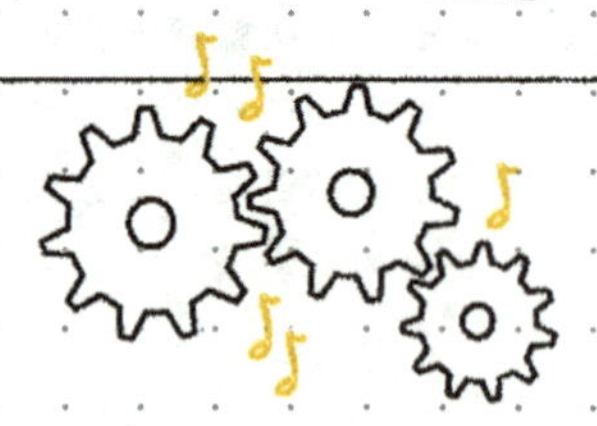

寻觅俗世里的美妙乐音。
当你对自己的行动充满信念时，你的目标就会抵消痛苦。

起步阶段

许多画家害怕空白的画布，

可空白的画布也害怕敢于打破“你不行”这条魔咒的画家。

——文森特·梵·高

向生活示弱，你会变得脆弱，给失败以可乘之机。我们几乎都不喜欢失败，所以我们拒绝冒险。我们向生活妥协，把方向盘交由生活掌握，而自己则在一旁系好安全带，安慰自己说，这样就可以避免承担失败带来的后果。

而事实真相是，我们免不了要失败。失败的滋味并不好受，但是，因向生活妥协而失败时，难受的滋味是双倍的。比如，你因为安于现状而拒绝了去海外工作的机会，然后，突然有一天你丢了现有的安逸工作。如此一来，你便不得不承担丢了两份工作的痛苦，而其中一份工作可能还是在为转型铺路。但是你永远也不会知道了。很有可能，你会止不住地思考如果当初选择了另一条路，结果会如何。

不要让恐惧夺走你的生活。看看子弹笔记使用者希瑟·卡利里的例子。希瑟从小就有表现焦虑症，这一心理问题不仅剥夺了她的勇气，也带走了她的乐趣。她不敢尝试新事物，也不敢去冒险，更不敢享受自己最热爱的事物。最明显也最令人困惑的例子当属她对阅读的热爱。

在生了孩子之后，她发现自己坐下来沉浸于阅读之趣的时间越来越少，她意识到表现焦虑症已经蔓延到了自己的阅读习惯上。她总觉得自己读得不够多,或者读的种类不对。她越是注意自己的阅读习惯，就越难腾出时间去阅读。

当她开始记录子弹笔记后，她很惊讶地发现把一件件事画掉有多么振奋人心，她还发现自己十分陶醉于把日常生活漂漂亮亮地展示在笔记本上。但是，她不敢记录任何有关阅读的内容。因为她认为“这只会让我变得更焦虑，只会让我意识到自己读得还不够多”。后来，她终于下定决心创建了一份“已读书籍”的集子，结果大出所料，她发现自己读过许多作品。原来，问题的关键不在于她缺乏动力，而在于她因为想要避免失败而拒绝尝试。

希瑟养成了信任自己的好习惯。随着阅读数量的积累，她渐渐感到轻松自在。她开始感到喜悦、激动、渴望，这是她在前几年的阅读过程中从未体验过的。子弹笔记帮助她把阅读体验系统化，克服了她此前的障碍。当我们给予自己为勇敢而奖励自我的机会时，了不起的事情就会发生。

每一个人都是从远古到未来独一无二的存在。如果把全体人类思维比作一块褴褛布料，那么你独特的视角也许会填补其中一个小洞。但是，这并不代表你因此而有价值。如果你不作为，如果你不敢作为，那么，你就夺走了为世界或自己做出实际贡献的机会。正如法国著名电影导演罗伯特·布列松（Robert Bresson）所言，“使原本可能看不见的东西通过你被他人看见”。如果你不尝试，那么这件事就永远不会存在——反正，不会因你而存在。诚然，不是所有努力都会获得成功，但就算是失败也是我们的宝贵财富。

我们必须依靠自己才能成长。我们通过学习，通过学会敢于行动而成长。因为我们无法掌控结果，风险会一直伺机而动。这就是生活，是我们难以避免的生活。然而，我们可以避免一种情况，那就是拒绝尝试后一直萦绕在心头的悔恨。行动起来吧，相信自己大可以去冒险。

实践

有时，最困难的部分是不知道要从何处开始。可能你不知道如何达成目标、完成项目、解决任务或者做到井井有条；可能你害怕做错或者让自己失望。如果是这样的话，一个简单的方法就是养成在纸上记录想法的习惯。

试着在你的子弹笔记上就这本书做些笔记，以此为起点。在第三章中，我们将提到许多不同的想法，我希望这些素材能够唤醒新思路，为读者提供有价值的信息。不要让这些信息偷偷溜走，把它们记在本子上吧。

在你的笔记本中创建一个“子弹笔记术”的集子。一边阅读本书，一边用你在第二章中学到的子弹短句快速记录下你的想法，渐渐地，你就能熟练掌握这一方法了。随后，你可以思考下一步要做什么。或许也可以考虑添加一份索引以便重温。

想法是行动、目标、希望和梦想的来源，最终会成为我们行动的动力。做出任何努力之前都可以简简单单地把头脑中的想法写到纸上进行组织。如此一来，你就跨过了起跑线，认识到自己已经进入了下一个阶段。这么做与拒绝尝试的不同之处在于，现在生命的方向盘握在了你的手中。

反思

认识你自己。

——苏格拉底

是什么让你翻开了这一本书？是一系列什么样的事导致你读了这本书？是因为你刚刚在书架上随便找书看吗？是因为这本书是你收到的礼物吗？是因为不想伤了送礼人的心吗？（如果是的话，感谢你读到了这里！）还是你遗失了什么东西，想在书中寻觅？如果是的话，你遗失了什么？这样东西给你的生活带来了什么影响？很有可能这些问题在你的心里激起了涟漪。这个问题表明，无论一项行动有多么简单，其背后都蕴含了无数选择。

我最喜欢的一件雕塑作品是罗丹的《思想者》。雕塑人物全身赤裸，弯腰屈膝，右手托着下颌，陷入沉思。如同罗丹的其他作品一样，这一件雕塑给人的感觉也还未完成。雕塑有的部分表面粗糙，有的部分缺乏精雕细琢。从中透露出的雕塑家做出的数以万计的微小选择给作品带来了直观的人文价值，就好像我们可以身临其境地看到罗丹的思维一样。

我们的生命同雕刻所用的石块一样，都是有限的。生命之初未经雕琢、混乱不清。我们做的每一个选择都会在这块生命之石上刻出一道痕迹。每一个行动都不可逆转地一点一点耗掉时光。没有行动是微不足道的，每一个我们费力留意的行动都有其意义。常常是由于我们缺乏必要的留意，才给琐事可乘之机，压在我们的心头。

当然，无论你多么聪明睿智，人的一生中都难免会判断失误。人生本就不按套路出牌，时光悄然流逝、变幻莫测，时而粉碎希望，时而给你当头一棒。有时我们甚至觉得自己被动地接受着生活的打磨，留下粗糙的磨痕。然而，美好依然存在在生活中。只要你还活着，生活中就总有供你雕琢的部分。就像《思想者》一样，你的生活无须波澜壮阔、完美无瑕。也就是说，我们还可以做得更好。

许多糟糕的决定都是缺乏自我意识的结果。我们总是忙得抽不开身，却总是忘了先问问自己为什么要做这些。问一句“为什么”是我们为探寻意义而踏出的微小但慎重的第一步。

我们对意义的探寻往往不够及时。因为我们总认为探寻意义好似一件意义深远又高深莫测的壮举，我们总是避免此举，直到我们受到某种危机或环境的胁迫，不得不考虑起意义时，才会开始我们的探寻。但是这时候再开始探寻“为什么”就处于劣势了，我们无法做出清晰的领会与思考，因为痛苦笼罩着我们。其实，我们大可不必限制于此时，对事物的反思与自省完全可以成为日常生活的一部分。只要开始留意时间和精力都投向了哪里，你就开始了反思与自省。子弹笔记忠实地记录下这些信息，供我们参考。

你可能会想，分析任务清单并不能针对生活中的重大问题给出答案。可能确实如此，也有可能只是因为我们不懂得如何找出这类问题的答案。要想了解生活中那些令人胆怯的大问题（生活的意义是什么？我为什么在这里？），我们要先提出一些小问题：我为什么要做这个项目？为什么我的搭档总烦我？为什么我压力重重？在子弹笔记中，我们将通过反思（Reflection）回答这些问题。

反思造就意向。反思赋予我们所需的安全的心理环境，我们因此得以重拾看问题急需的角度，开始询问为什么。通过反思，我们养成了自省的习惯，审视自己的进步、责任、环境以及心境。反思帮助我们看清自己是否解决了应该解决的问题,是否回答了应该回答的问题。通过向我们的生活经历发问，我们开始为生活去粗取精，不但知道自己在做什么，更知道自己为什么要这么做。

别担心，反思的目的不是对过去犯下的错误进行惩罚，而是要从过去的生活经历中汲取丰富的信息滋养未来的成长。

反思有助于你确定从前滋养你成长的养分，

这样就可以在播种未来时做出更好的决定。

我们的生活有时充实，有时空虚，有时得意，有时失落。每一个阶段都见证着需求的改变。我们活着、学着、适应着。正如当季生长的作物在下一季会腐败一样，我们生活的意义也必须随着生活需求而改变。如果我们盲目执迷过往，我们将不得不继续追寻那些“过季”的信仰。因此，我们常常感到难以满足、空洞虚无、物质短缺也就不足为奇了。

为了过得更加充实，我们必须不断探寻各种生活经历的意义，从而接受其不断变化的本质。这就是为何子弹笔记术有着多样的反思机制。子弹笔记通过其中的反思机制从方法走向实践，帮助我们持续不断地剔除无关紧要之事，展现意义深远之举。

实践

可能你想说："赖德（作者），我倒是想反思，可是我没有合适的时机。我需要合适的环境才能进行深入思考。我的思绪总是混乱一片，我整个人都很混乱。"

如果你已经开始使用子弹笔记，那么你就已经开始进行反思了。通过创建不同类型的记录，你不但捋清了自己的责任，也记录下了自己的想法与行动。虽然这是被动的，但也是一种反思！现在你需要做的只是按照自己的节奏，一步一步从被动反思过渡到主动反思。

每日反思

一天中你都在利用每日记录（第 90 页）捕捉想法，现在只不过是再回到每日记录当中。每日反思的设计本意就是让你利用专门的两段时间积极进行自省。

被动回应

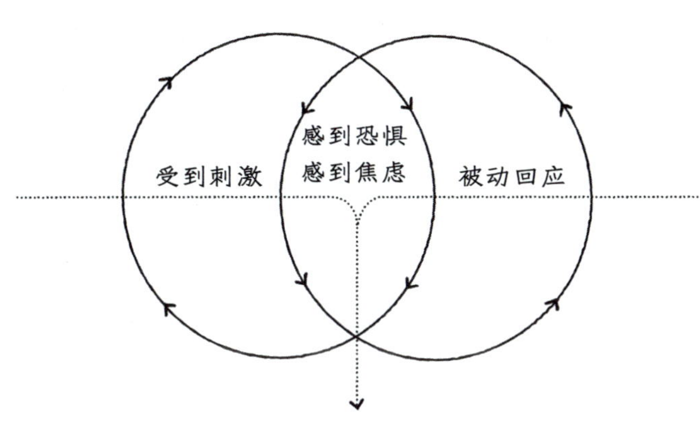

意向驱使

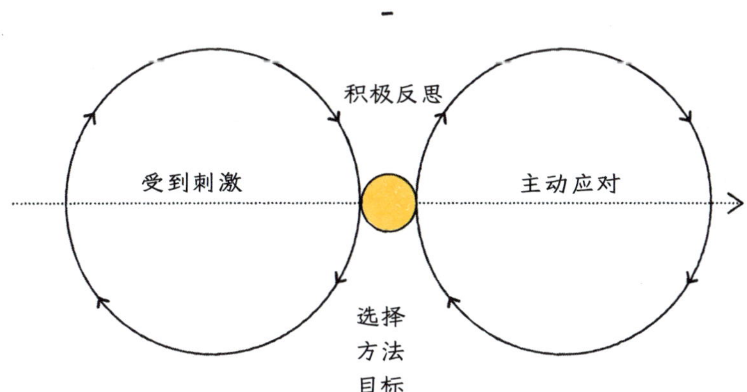

日反思：规划

在清晨，或在开始一天的忙碌之前，花几分钟时间坐下来写子弹笔记吧。如果你是那种带着满脑子思绪起床的人，现在是时候减减压了，把这一晚上冒出来的想法都卸下来吧，为新的一天腾出空间。不要再浑浑噩噩地吃早餐了，日反思会唤醒你的身体。

下一步，回顾本月的其他记录，提醒自己还有哪些任务有待完成。这一步骤会帮助你弄清优先事项并在此集中精力，然后以此制订计划。你将会带着自信、条理与方向开始新的一天。

夜反思：回顾

日反思旨在规划，为新的一天做好准备，夜反思则重在回顾，帮你放松身心。在上床休息前，花几分钟时间坐下来看看自己这一天里在笔记本上都写了些什么。在完成的任务前画上“×”。如果某项任务不见了，就再写一遍。通过夜反思，再一次把思绪从头脑中卸下。

更新笔记本之后，认真审视每一条新事项。此时你可以开始提问了：*为什么这件事至关重要，为什么我要做这件事，为什么要优先做这件事*，等等。这些问题会帮助你找出分散你注意力的事情。删掉你觉得无关紧要的任务吧。

最后，花点时间好好欣赏自己的进步，感谢这几条助你取得今日成功的简单方法。夜反思让你感觉自己有所收获、有备而来、目的明确，从而能很好地让你在睡前卸下一身压力与焦虑。

小提示：你可以利用每日反思戒电子设备之瘾。在写完夜反思之后，可以采取“关闭屏幕”策略，第二天早晨写完日反思之后再开机。这个简单的方法可以帮助你养成远离电子设备的习惯。

通过迁移进行月度反思和年度反思

科技总是让我们走向更加顺畅无阻的生活。我们总觉得障碍越少，生活越好。如果点比萨时能够如此当然很好，因为我们没必要弄明白是什么神奇的技术让热腾腾的芝士比萨凭空出现在家门口。然而，我们常常需要去理解便捷背后的原因。审视事物所用的时间越短，你对事物的了解也就越少。要想理解你是如何度过这一生的，至关重要的一步就是慢慢思考。

任务迁移的设计意图是给你的生活增加必要的阻力，容你慢下脚步，退后一步，思考你给自己安排的任务。从表面上看，任务迁移是利用耐心形成的一种自动过滤机制。如果某项任务甚至都不值得花几秒钟时间重写，那么就很有可能并不重要。另外，动手写字可以激发批判性思维，帮助我们联系不同的想法。迁移每一个项目时，你都给自己机会专注地识别这些非同寻常的联系与机会，好像把它置于放大镜下细细观察。

你同意自己执行任务的同时也代表你放弃了执行其他任务的机会。任务迁移给你机会重新选择至关重要的事，放弃无关紧要的事。正如李小龙所言：“不是要一天天地增加而是要一天天地减少，减去那些不必要的东西。”

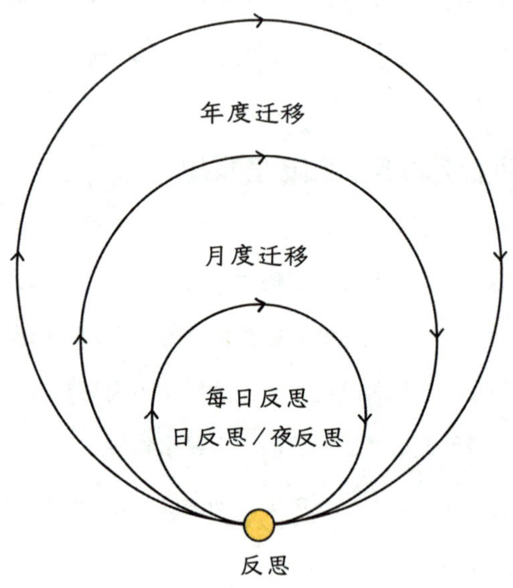

始终如一

常常有人问我每天花多少时间用来反思。平均来说，我需要5～15分钟。其实重点不在于花费的时间多少，而在于你是否始终如一。如果你发现自己无法坚持在反思上花费很多时间，那就减短用时。按照自己的需求，尽可能地把反思当作生活的一部分。

反思的目的在于养成自省的习惯，可以尝试问自己一些小问题。随着时间的推移，你会更加自如地答出这些问题。你的信仰、价值观、准确发现自身优缺点的能力都会得到提升。渐渐地，你就会开始排除那些分心事，越发专注于当下。

意识

作家大卫·福斯特·华莱士（David Foster Wallace）在凯尼恩学院毕业典礼上发表了精彩的致辞《这就是水》(*This is Water*)。致辞以两条水中小鱼的对话为引，一条小鱼问另外一条："水是什么呀？"大卫由此谈到被人忽略的日复一日的生活，说道："所谓的'真实世界'不会阻碍你在自己的默认设置下运行，因为由人、钱、权构成的所谓的'真实世界'在恐惧、轻蔑、沮丧、欲望和自我崇拜的助推下哼着小曲前进。"

大卫说的是，如果我们不够谨慎，就会失去掌握生命主动权的机会，从而大大损害我们对世界的体验。在反思的过程中，我们审视自身经历，重新握住生命的方向盘。对自身经历的探寻要求我们积极发问，不要流于事物的表面价值。反思鼓励我们用一种更深入的方式体察自我、审视世界。

通过不断挖掘、了解我们的生活经历，我们懂得了即使是最无聊的时刻背后也可能蕴含着深意。当你培养自己的意识时，"你将真正拥有把拥挤、燥热、迟缓、顾客体验糟糕的场景体验得既有意义又神圣的能力，而这种能力与创造星星的能力不分伯仲，就像怜悯、爱与万物的结合一般"。

小结

验光时，验光师会让你透过屈光检查仪的镜片看一些符号，然后不断变换镜片，问你哪一块镜片能对上焦。这么做的目的是找到一组合适的镜片，改变光照到视网膜上的路径，这样我们就可以更清晰地看到世界了。

反思的功能与屈光仪类似。这一机制能够帮助我们改善视野，但是为了使它效果更佳，我们需要添加“镜片”。很有可能你在成长过程中已经戴上了自己的“镜片”，比如你的价值观、你的信仰，可是，反思这一举动自古有之，积淀丰厚，每一种传统都具有各自的镜片，在我们反思时为我们矫正“视力”、增强感知。在接下来的几节中，我将向你们展示几种我发现的最有用的“镜片”。我希望这些新视角能够帮助你们加深反思，如此便能更清晰、更有意识、更有联系地看待每一天、每一月、每一年。

意义

眼睛只能看到光亮，耳朵只能听到声音，

而一颗聆听的心却能感知到意义。

——大卫·斯坦尔德－拉斯特

我最喜欢电视剧《迷离时空》（*Twilight Zone*）中“值得参观的好地方”（*A Nice Place to Visit*）这一集。剧情讲述的是盗贼瓦伦丁在一次抢劫中被警方击毙，后来一位穿着干净利落白色套装的英国绅士领他到了下一世。让瓦伦丁惊讶的是，重生后的他一夜暴富，住进了纽约市的顶层豪华公寓，衣柜里满是高级定制套装，吧台上全是佳酿。街道上，有他开着拉风跑车绕城兜风的身影，在赌场里，有社会名流簇拥在身旁看他红运当头的场景。钱、权、性——所有他曾经奢望的东西，现在都归他了。

但是，新鲜感逐渐消退，一度的喜悦变成了空虚。这种他一直渴求的、看似圆满的生活其实根本没有为他带来满足感。瓦伦丁找到那位领路人，对他坦言道:“我觉得天堂不适合我，我应该去别的地方。”领路人讽刺他道：“是什么让你以为这里就是天堂？”

成功常常令人感到空虚，这里的成功不仅指金钱上的成功，还指我们一直视为健康有益的自我提升。在《我如何摆脱对不断自我提升的执着》(*How I'm Overcoming My Obsession with Constant Self-Improvement*)一文中，Zenhabits 博客[1]的创始人莱奥·巴波塔(Leo Babauta)讲述自己参加了超级马拉松、参加了 Goruck 背包挑战[2]、学习了编程，却发现生活没有一丁点儿的提升。他在文中写道："幻想就是幻想。"这么想的并非只有他一个人。

如今的世界比史上任何时候都更加文明、富足、卫生、先进。然而，人们的渴望还在不断膨胀，从 1982 年到 2000 年出生的千禧一代，平均每个月用在自我提升上的开销几乎是 1946 年到 1964 年出生的婴儿潮一代的两倍(尽管收入还不足这代人的一半)。这个现象引发了另一个问题：我们要如何调和青年人不断上涨的需求与不断加剧的抑郁之间的矛盾？有数据表明，2012 年全美有 5.9% 的青年人遭受严重抑郁的折磨，2015 年这一数字上涨到了 8.2%。单就美国国内而言，焦虑症患者的人数就达到了 4000 万，相当于总人口数的 18.1%。

可能你认为健身、上夜校是很有意义的目标。也许确实如此，但是你产生的影响取决于你为什么要这么做，关键在于理解自己努力背后的动因。

我们的努力总是受某些承诺鼓舞。你希望用血汗和泪水换取什么呢？这些小目标的背后到底是什么终极目标？对我们大多数人来说，终极目标是快乐，而问题就在于此。

---

1 该网站倡导在喧嚣的生活中寻求简单，把精力集中到重要的事情上，提高创造力，寻求快乐。——译注。

2 一项历时 10 小时的都市障碍赛，参赛者必须全程背着放满砖头的 Goruck 背包跑完一定的路程。

回想一下你最近刚达成的目标。对快乐生活的渴望和承诺吸引着你奋力向前，但是当你最终冲过了终点线，你得到了什么？加薪、房子、车子、假期就是你期望的吗？很可能你的答案是否定的，或者，很有可能这不是你最终的愿望。为什么会这样呢？

要想解决这一疑惑，我们只要简简单单地承认一个现实：谁都不知道究竟什么才能使自己快乐。事实上，我们都体验过影响偏差（impact bias）这一现象。它指的是“容易高估某种未来情绪的持续时间和强度”，在猜测自己对事物的感受上，我们的表现都十分糟糕。从本质上来看，这是因为我们长期低估了自己的适应能力。

当我们朝着目标奋力前行时，我们不断学习新事物，周边环境也在改变。等我们抵达终点线时，我们完全就是另一个人了。我们能做的只有猜测什么才能让自己快乐。所以我们开始盲目地下注，挥霍金钱与时间，以及追求快乐时的理智。似乎我们越想要快乐，快乐就越难以捕捉。正如喜剧演员蒂姆·明钦（Tim Minchin）所言：“快乐就像冲动，越是惦记，越会消失。”

我们对幸福心向往之，这是理解快乐神秘本质的又一关键因素。我们的身体能够适应热度、寒冷以及艰难，这或许就是我们能够感知幸福的原因之一。幸福使我们快速区分善恶与利害。我们喜欢感觉良好的东西，会为获得更多诸如庇护、温饱、水源等给人良好感觉的东西而努力。

在过去的艰难岁月里，我们把大多数的时间耗费在生存上，体验幸福的机会十分有限。如今，幸福已经被商品化了，它成为快乐的替代品，随需而变。

由于我们能够快速适应外界环境，即使是最幸福的经历或购物体验也会很快成为令人厌烦的常态。然后，我们又开始渴求另一种幸福感。我们不再满足于已有的东西，而是通过不断增加幸福的剂量来抵消幸福感消退时的苦闷。我们肆意购物、暴饮暴食、纵情狂欢，"喜欢"做的事越来越多，追求的只是数量和程度。这种现象叫作"享乐适应"（hedonic adaptation），指当环境的改变给人带来快乐时，人们通常会很快习惯环境的改变，恢复到平常的快乐程度。

Facebook 创始人之一的肖恩·帕克（Sean Parker）将其称为"人类心理的弱点"，利用这一弱点已经成为当代的行商之道。看看有多少广告语的重点落在了"更好"而不是"好"上：更快、更新、更强、更轻。"好"已足矣，但是"更好"是对"带来快乐"的承诺，这样一来又是另一笔交易了。

买了它就能占有它，这是一条社会契约。你在鞋店买鞋，在服装店买衣服，在 4S 店买车……但是注意一点，世上没有快乐商店。不是因为我们买不到快乐，而是因为我们无法占有快乐。

快乐同悲伤一样，都只是一种情绪，因此和其他情绪一样，在生命里来来往往。试想在另一个世界里，我们的情感僵化，不得不无休无止地想办法逗乐自己。或者，在瓦伦丁身处的地狱（或天堂）里，所见之物都完美无缺、相差无几，最终所有的东西都显得毫无意义。这样的生活会荼毒我们。事实上，我们常常将无法自如转换情绪视作心理疾病。照此看来，追求神话般永远快乐的状态不仅与现实相悖，似乎还是一种病态。

那么，是不是我们所有的目标和努力都是毫无意义的呢？绝对不是。只是我们不能把快乐设定为最终的目标。但是快乐显然又是至关重要的。那么问题就出现了：我们该如何引诱快乐走进我们的生活呢？

在字典里查阅“快乐”一词会得出数十个近义词，每一个近义词都揭示出快乐这一体验有多么复杂和微妙，但是没有一个词告诉我们怎样才能变得快乐。如何变得快乐是哲学讨论的范畴。其中古希腊的幸福论（eudaemonism）认为快乐是“一种道德哲学，该哲学将带来个人‘幸福’的行为定义为正确的行为”。这种观点简单地将幸福感视作个人行为的副产品，这是多种传统哲学中反复出现的主题。换言之，快乐是我们着手进行其他目标时得到的结果。

如果快乐是行为的结果，

那么我们就不该再问自己如何才能快乐了。

相反，我们应该问问自己，要怎么做。

日本冲绳县人是世界上最快乐、最长寿的人群之一，百岁老人的比例世界领先，每十万人中就有五十位百岁老人。当问起他们保持快乐的秘诀时，最常听到的回答就是“ikigai”。作家埃克托尔·加西亚（Héctor García）曾说：“你的 ikigai 既是你擅长的事，又是你热衷的事。”他在书中写道：“从古至今，就像有人贪恋财物一样，也有人对名利的不懈追求感到不满，反而专注于比物质财富更有意义的事物。多年来，人们用许多不同的字眼和实践来描述这一点，但都殊途同归地回溯到生活意义的核心。”

似乎我们在追寻快乐的过程中，把注意力从意义上移开了，而在追寻意义的过程中，又仿佛把注意力放在了快乐上。也许我们都弄反了。正如临床心理学家维克多·弗兰克尔（Viktor Frankl）所言："快乐不可追，只可待。"

问题来了：什么是意义？许多人都不能确定。没有关系，这个问题极其复杂，只要我们的脑袋还能思考，这个问题就让人头痛。学术定义是含糊的，因其必须包含多种主观观点。我们都经历过对意义的主观判断会随时间改变。就好比，现在的你还会和 12 岁的你一样珍惜同一件物品吗？大概不会了吧。我们明白一点，生命的意义不是单一的，而是多元的。

从服务到信仰、到家庭、到贡献，人们在不同的方面实现意义。诚然，这些方面都具有价值，但是这不意味着你会从中得到收获。我遇见过大量深受打击的志愿者、社会工作者、教师、医生，甚至父母。他们知道自己所做的事情从客观角度上来看意义非凡，只是他们自己感受不到。

感受与意义有什么关联呢？可以说有极大关联。我们难以对与自己产生共鸣之事进行理性分析，这就是为什么我们难以定义感受。当感受显露出来时，你自然会感受到。希腊语中有一个专门的词来描述这一过程——phainesthai，大致可以翻译为"显现自身""大放光芒"。

你会感觉到那些"大放光芒"的事物，

这些事物有可能具有意义。

如果我们消极生活，不去追求那些在光亮中显现自身的事物，我们就仍会处于黑暗之中，对我们在这个世界上的状况一无所知。在这种状态下，我们的努力无论多么有善意、多么高尚，往往都显得毫无意义，因为这些努力似乎没有任何用处。我们不断尝试填补生活的空白，也不断失败，这些举动似乎只会压垮我们。这就是为何寻找在你面前大放光芒的事物至关重要。

如何寻找这些事物呢？正如我们都有一个内在的机制来看待事物，我们也有一个内在的机制来感知闪耀的事物，我们称之为：好奇心。

好奇心是我们在看到某种潜能时产生的触电般的兴奋劲。好奇心点亮幻想与惊讶，就像磁铁一样，把我们从封闭的自我中拉出来，融入世界中，它超越理智、欲望、个人利益，甚至是快乐。你一定有过好奇的经历，可以是对某个人的好感、对某个话题的痴迷、对某件你喜爱的事物的热情。你没体验过的事情也可能会引发你的好奇。你会好奇如何组建家庭、开办公司、出专辑，解决某个世界问题……无论是什么事，这件事在你心中都意义非凡。但是问题是：你有没有给自己一点时间去定义这些目标究竟是什么？

让我们从大局来考虑吧。在办健身卡、报名参加课程、买电视，甚至是在设定目标前，带着大局意识指挥行动其实大有裨益。你需要花点时间基于你自己的生活经验，去判断究竟什么才是有意义的生活。如果你不朝着这个方向前进，你很有可能会在《迷离时空》中那个远离自己在意事物的地方里迷失自我。所以，以下面这些练习为开端，找出究竟什么才是你想要的生活。

实践

两种生活故事

这个思想实验的灵感源自美国诗人罗伯特·弗罗斯特（Robert Frost）的《未选择的路》（*The Road Not Taken*）。试想自己站在岔路口，面前的两条路一条人迹更多，另一条人迹更少。

人迹更多的路

这条路带你走向更熟悉的地方，是目前生活的延续。你只追求对你而言舒适的进步，不降低现有的生活品质，也不努力争取改善。到了迟暮之年，在个人生活或是专业技术方面你会获得什么成就呢？这样的生活会带给你什么结果呢？

人迹更少的路

这条路带你走向不熟悉的地方，是冒险多于舒适的生活。你敢于追求自己感兴趣的目标，愿意通过积极奋斗来提升自己。到了迟暮之年，在个人生活或是专业技术方面你会获得什么成就呢？这样的生活会带给你什么结果呢？

现在，为两条路，分别花至少 15 分钟时间写一则你的讣告（如有冒犯，请见谅）。创建一份“两种生活”集子，添加到索引当中。先为第一种生活留下左右两面空白页，写得越详细越好，写完第一条路的情况后再开始写第二条路。记住，写得越细越好，而且要诚实。这么做的目的是让你一目了然。现在，站在“路口”极目远眺，你看见了什么？

身后反思

1. 通读两份讣告。在讣告后一页给自己写一封信。这次实验中你有什么认识，你产生了什么情感、疑惑、积极面、消极面？这些认识惊到你了吗？伤到你或吓到你了吗？激起你的兴趣了吗？这么做的目的在于，让你在人生如白驹过隙般从眼前飞过时，捕捉自己的想法，用这种方式来提醒未来阅读到这里的自己，有哪些东西改变了。这是因为，事物是不断变化的。你要提醒自己，自己试图摆脱什么，又试图得到什么。
2. 选择你最喜欢的那种生活，确定并圈出你最骄傲的成就。完成后，把这些事项迁移（第 108 页）到你的目标集子（第 152 页）中吧。

目标

我们无法做伟大的事，只能用伟大的爱去做小事。

——特蕾莎修女

好奇心就像体内的指南针，把我们引向希望与意义这块磁石。它凭借其强大的动力，驱使我们走出舒适圈，让我们迈进不熟悉的领地，在不确定性与各种风险之中进行大冒险。可问题是，我们如何才能在利用好自己的好奇心的同时降低失败的风险呢？这需要我们设定目标。有意向地设定目标会为我们带来行动框架、方向、焦点与目的。

目标给予我们机会定义所需。

如果不带意向地胡乱设定目标，目标就有可能沦落为我们在遭遇龌龊与悲痛时下意识的反应。比如，你觉得自己太胖了，于是报名参加几个月后的马拉松比赛，这个目标就有可能适得其反。你的目标是瘦身，但是很有可能你会受伤或是让自己失望。设定一个适得其反的目标很有可能会让自己落回原点——风险高，回报低。

盗用他人的目标是另一种诱惑。比如“挣一百万”这个目标司空见惯，但没有意义。为什么呢？因为这个目标没有任何目的，毫无营养。设定目标必须有实质，才可持续。你要了解自己究竟为什么需要一百万。

目标的灵感启发应当源自自身的生活经历。不论是带给你欢乐的积极动力还是带给你悲惨教训的生活苦难，你的生活中肯定有真正的激情之源。把这些经历都运用起来！这些都是强有力的意义源泉，你可以从中找到有意义的目标。

抱着这一态度重新开始设定坐拥百万金钱的目标，比如可以这样：我要挣足够的钱来偿还学生贷款、购置一套两居室给退休的父母安享晚年、负担子女的学费。

尽管现在这个目标还是很宏大，但有了明确的意义。你清楚地知道这笔钱将如何改善你的生活。这一点至关重要。宏大的目标往往费时又费力，在这一路上你会面对各种挑战，耐力常常是你最狡猾、最致命的对手。因此，要实现宏大的目标，常常需要切实的需求来激励自己度过数日、数月，甚至数年的风风雨雨。这项需求必须要足够强劲，才能抵御一路上的分心、借口和疑惑。华裔心理学家安杰拉·李·达克沃斯（Angela Lee Duckworth）博士出版了《坚毅》（*Grit*）一书，她在书中写道，“对长期目标的坚毅与激情”激励成功的程度“胜过其他任何激励”。

一提起坚毅与激情，就会有人联想起运动员为了赢得比赛而勤学苦练或者因为意外坠落而四肢骨折；艺术家为了古怪的创意牺牲一切，在冰冷的阁楼上瑟瑟发抖；僧侣花费几十年时间苦思冥想等。但是激情和毅力就像所有的情感一样，都有一定的程度。而当今世界尊崇的是“要么全有，要么全无”的理念，我们往往忘记某些东西的力量。最强壮的树也从最脆弱的种子开始发芽。激情的种子便是好奇心，坚毅的种子便是耐心。通过巧妙设计目标，你可以从播种耐心和好奇心开始培养机遇。

实践

创建目标集子

很多时候，我们的雄心壮志不过是在头脑中游荡的模糊概念或抽象的白日梦，我们总想着“终有一天，我会……”试着把想法写到纸上吧，这样我们就可以将其转化为可操作的目标。

如果你还未尝试过，那么先在下一张空白页上创建一个目标集子（Goals Collection）吧。无论目标大小，只要写在这里，你就能清楚地把目标放在一个可以经常看到的位置上。这样，你就已经迈开实现目标的重要第一步了。

这个集子就像一张菜单，列出了未来的多种可能。而这张菜单让你保持专注、充满干劲。但是，若你一直不下单，就算是最棒的菜单也无济于事。所以，下一步是行动起来。若不及时行动，则很容易以等待开始的正确时机为借口而囤积目标。时机没有正确与否，我们必须为自己创造机遇。人生从来都时不我待。

五四三二一倒计时法则

获得干劲的一大妙招就是意识到时间有限。五四三二一倒计时法则的设计意图就是帮助读者从时间角度来考量自己的目标。这一法则将把你的目标分为短期、中期、长期三种。如果你还苦苦挣扎在实现目标的路上，不妨试一试这个方法。

首先，翻开空白的左右两页，写上标题“五四三二一”。将每页分为五栏（第 154 页）。左页是你的个人目标页，右页是你的职业目标页。五栏从上往下依次是五年内的目标，四个月内的目标、三周内的目标、两日内的目标以及一小时内的目标。

现在，回到目标集子，把目标迁移到相应的栏中。虽然没必要十分精确地安排妥当，但是这么做可以从个体与整体上定义完成各个目标所需的时间和精力（坚毅与激情），也会提供一些必要的背景信息。

分清目标的轻重主次

归类完成后，逐一思考各个目标值不值得你花费这么多时间。如果不值得就画掉。对剩下的目标进行先后排序。哪一项会真真切切地和你产生共鸣？哪一项在你眼中散发着光芒？用优先符号“*”标注出来。

如果你使用的是五四三二一倒计时法则，在每一栏中只能选出一项最先考虑（第 155 页）。分开考虑个人目标与职业目标，这样你就有了 10 个最需要优先考虑的目标。

把 4 个短期目标（在一小时栏和两日栏中的目标）添加进每日记录，并用优先符号“*”标注出来。先把这 4 个目标筛选出来，解决 10 个目标中的 4 个，为达成更大的目标提供动力。剩余的目标会进入各自的集子中。比如，“去夏威夷旅行”和“流利掌握一门外语”会进入专属的集子。切记，一定要把这些内容都加入你的索引当中。

五四三二一倒计时法则——个人目标

5 年目标

- 组建家庭
- 购置房产
- * 流利掌握一门外语

4 个月目标

- * 夏威夷之旅
- 减 10 斤
- 拜访尼克拉斯

3 周目标

- 捐赠衣物
- 志愿活动

中期目标

2 日目标

- 清理衣柜
- 打扫厨房
- * 换驾照

1 小时目标

- 清理冰箱
- * 给父母打电话
- 为利娅预订餐厅

如果你犹豫了，不想建6个新的集子（3个个人目标集子，3个职业目标集子），那么，很有可能其中的某些目标并没有你想象中重要。没关系，把这些删掉。目标的数量并不重要，着手于关键的事情才重要。

专注于优先事项

创建完集子后，花点时间向自己保证，在任务没有完成或仍然重要前，不准翻开目标集子或是五四三二一倒计时法则集子。如果你充满了雄心壮志，这么一张未完成的任务清单很容易分散你的注意力，尤其是当你现在做的事情费心又费力时，你就越发地想要换一个新任务。坚持住！关注当下最重要的事情才能过得更有意向性。在设立目标时要不断提醒自己：你想为当下的生活带来点什么？以及更重要的是，为什么？

我们希望需要处理的事情越少越好。也许你会惊讶，难道不是事情越多效率越高吗？其实不然，我们希望事情越少越好。为什么呢？研究表明，全球只有2%的人能够同时胜任多项任务。其余的人不过是在同时应付多项任务。绝大多数人实际上只是在各项任务之间快速切换，尽力避免失误而已。

当你突然放下一项任务转而去做另一件事时，其实还有部分注意力残留在刚刚那件任务上。明尼苏达大学的索菲娅·勒罗伊（Sophie Leroy）教授称其为“注意力残留”（attention residue）。她写道：“人们需要停止思考上一项任务，把注意力完全转移到这一项任务上，才能出色完成。然而，结果表明，人们很难将注意力从未完成的任务上转移到后续的任务上，因此后续的任务就会受到影响。”换言之，有越多事情占用你的注意力和时间，你就越难保持专注，进展也就越慢。这就是为什么常常你忙得晕头转向，却感觉什么也没做成。

专注于你的优先事项，把它当作一道屏障，避免分心事偷偷渗入。系统地处理事情，一次只专注于一件事。专注于实现目标的过程，给你立下的目标一个揭示经验教训的机会。可以说，最具价值的是实现目标的过程，而不是目标本身。实现目标的过程占据了大部分的生活，也因此提供了大量信息让你成长。

分解长期目标为冲刺目标

我儿时的梦想是成为一名定格动画大师。在成长的过程中，我一遍又一遍地看改编自《一千零一夜》和希腊神话的各种定格动画，动画里奇妙的人物都出自定格动画大师雷·哈里豪森（Ray Harryhausen）之手。我告诉自己，这就是我理想的职业。没有丝毫迟疑，我奔着这个目标一直前进。后来我成功了。

我和一个朋友一起制作了一部定格动画短片。对一部成本为冷冻比萨和黏土的动画而言，这部动画的表现已经十分不错了。虽然我在这一过程中收获了很多，但我发现最重要的一点是，追寻这一理想职业会让我的生活失常。诚然，这个认识有些打击人，但它也是一种解脱。认清现实后，我就可以放手去追寻别的梦想。现在，我从来不会回头去想，如果当时继续走下去，现在会是什么模样。

我们并不一定要把喜欢的事情变成职业。这种想法本身就是一种很有价值的教训，对年轻人来说尤为如此。重要的是，要认清你感兴趣的事情在你的生命中的作用。虽然不是每种爱好和好奇心都可以成为我们的事业，但有些确实可以。评判的方式是在体验过一小段时间以后再做决断。我在尝试制作定格动画这项工作时，就先选取了一个短期的项目，然后才开始决定要不要进入影视学校学习动画制作。

把长期目标分解成一个个短期的、独立的冲刺目标（sprint），就好像把一整段马拉松切分成一段段的短跑冲刺。我们跑的距离一样，只是分解后的每一段都更短、更易掌控。冲刺目标有点类似于软件开发时我们所说的开发周期这一概念，但其实这个方法可以有力地推动任何类型目标的达成。就算是一个不起眼的目标也能够分解成些许更小的冲刺目标，连最容易失去耐心的人（比如我自己）也可以完成。

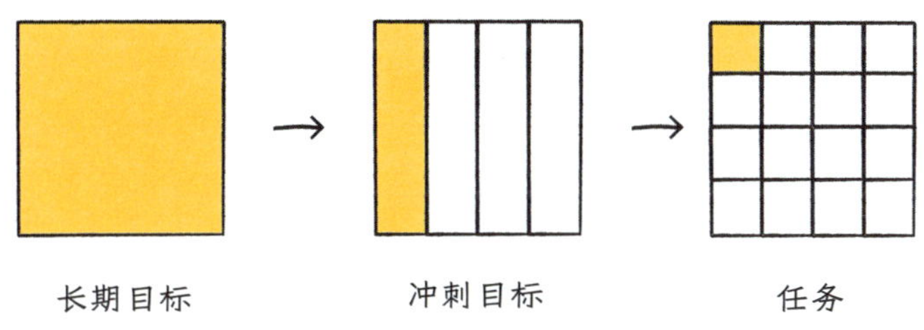

分解目标为冲刺目标可以降低不堪重负和身心疲惫带来的风险。如果你厨艺不精却想改变这一现状，不要一开始就指望着能做好舒芙蕾供你的美食家朋友享用。就算你最终成功了，过程的艰辛也有可能浇灭你对烹饪的热情，毕竟痛苦的感觉会很快消除好奇心和满足感。从一个简单的小菜开始吧，体会一下菜品完成时的感受。

分解目标和把目标分段完成有什么不同呢？分段后的目标没有完成感，分解后的小目标却各自独立，完成后会产生满足感，有足够的动力支撑你继续向前（或者也有可能像我做定格动画的经历一样，及时收手）。

比如说，曾经有一位作家想要创业，他对播客这一数字广播技术很感兴趣，但对其一知半解。他没有马上投身于播客的行列，而是先和朋友凯文·罗斯（Kevin Rose）一起办了六期节目。这次尝试就是《蒂姆·费里斯秀》（*The Tim Ferriss Show*）的前身，现在这是 iTunes 上位居第一的商业播客节目，长达 200 多集，下载量超过 1 亿次。这一例子表明，我们不应该低估微小但明确的项目所具有的潜在影响力。初版 bulletjournal.com 网站便是冲刺目标的成果。

分解项目要围绕特定的主题或者围绕为实现长期目标所需的技能。回到烹饪这一例子，具体操作如下。

长期目标：学习烹饪

可行的冲刺目标：

- 学习刀工
- 学习轻煎（深入学习后可以增加其他烹饪方法）
- 学习如何挑选新鲜蔬菜（深入学习后可以开始挑选水果、肉类等）
- 学习如何煮蛋（循序渐进地增加相关任务：水煮蛋、炒蛋、两面煎蛋、鸡蛋饼）

设立冲刺目标的要求

1. **初始阶段不要设立大的障碍（不能阻止你开始完成目标）**。例如，想要学习刀工，不必购买一整套昂贵的厨师专用刀具。只需要一把现有的基础厨房刀，就算没有，也不用花大价钱购买。

2. **具有清晰可行的任务步骤**。学习刀工这一任务可以分解成：持刀、磨刀、削皮、切块、切丁、剁碎，等等。
3. **完成时间必须固定在短期之内**（最多不能超过一个月，理想中应该在一至两周）。一周做几天沙拉、学会制作简单的蔬菜汤，这样就会快速提升刀工。

遵循这三条规则将使冲刺目标具有针对性、可操作性和可管理性。如果安排得当，就难以再找借口拖延了。如果你觉得某个冲刺目标的完成时间会超过一个月，就干脆把这个目标分为两步。

重点在于要在安全范围内满足你的好奇心，

不断尝试，不要浪费时间。

头脑风暴

在我们开始分解目标之前，我们必须认真考虑。既然你已经选定了目标并在子弹笔记中创建了专属的集子，不妨再思考一下要做什么和为什么。深入探索一番，把想法全部记在第一页上。这一步骤会激活你的思维。假定“学习烹饪”这一目标的头脑风暴图如下所示。

1. 这个目标为什么会激起我的好奇心？

我一直很好奇商店里的食材是如何变成盘中的营养美味的。这中间到底发生了什么？

2. 是什么鼓励我为这个目标费时、费力？

我经常吃外卖和快餐，所以最近发胖了。我知道这样不健康，我想控制饮食。

3. 我要达成什么目标？

我想通过学习烹饪省点钱，吃得更健康，减几斤体重，还想邀请我的朋友和心仪的人来家里享用美餐。

4. 有什么要求吗？

学会基础的食材准备技能、基础的烹饪技术，掌握几份单人餐食谱还有大家都喜欢的食物的做法，比如辣椒酱、浓汤、汉堡。

5. 在这个目标上，我对成功的定义是什么？

少吃外卖和快餐，多吃健康的食物，多邀请朋友来家里用餐。

思考结束之后，你就会更清晰地认识到这项目标的要求，如范围、阶段、重要性。

现在，把要求分解成几段短跑冲刺。每个冲刺目标都应记录在次集子（第 104 页）中。你甚至还可以将每一段冲刺分解得更短。

把所有目标都列完后，分析每一个冲刺目标要花费多长时间。如果你有幸做过承包商，那么当初的行业套路在此同样适用：报的工期要比实际所需长。进步比速度更重要。如果达成时间比预期的短，那很好。只要不是只关注速度，把事情做得比预期要快就不是一件坏事。我们要避免赶不上进度的情况。延误期限会使快乐与痛苦的天平偏向痛苦的方向，让我们更难坚持这个过程。如果你有足够的时间，那就利用好它。如果没有，那就缩小目标。

安排好各个阶段之后，在日历上规定好完成期限。现在，项目何时开始、多久结束、何时进行何种项目、何时结束何种项目都一目了然了。

传统的阶段目标模型

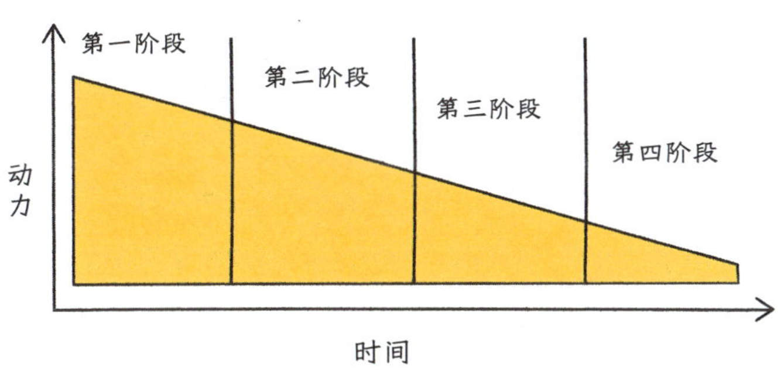

冲刺目标模型

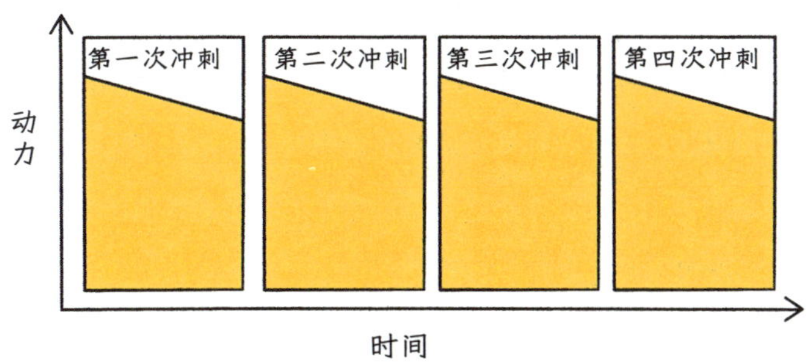

一个目标耗时越久，就越消磨意志。当意志消耗殆尽后，目标往往难以达成。分解目标将帮助你减轻负担，你能够享受到定期达成各个小目标时的满足感。对项目的感觉是导致成败的关键因素，个人项目尤其如此,因为进行个人项目时并没有团队或老板督促你继续进行。进步会带来动力，而动力能培养耐心。

瑞典作家奥洛夫·维马尔克（Olov Wimark）认为自己陷入郁闷的一个原因是任务清单总也做不完。过去，他习惯使用一款App，完成一项任务后App就会自动擦掉这项任务。直到有一天，他迎来了转变。那天他的电脑死机了，他只好重新用起了老式打字机。结果出乎意料的事情发生了。他写道："我发现，老式打字机让我对小错误的容忍度提升了。因为老式打字机无法编辑前文的内容，我要么只能硬着头皮写下去，要么就得把整页重新打一遍。如此一来，文字倒行云流水起来。到了傍晚时，打字机旁已经堆起一堆文稿了。我又开始欣赏起自己的成就了。"他还写道，"子弹笔记看得见、摸得着，里面记载的进步清晰可见，每次翻开做记录时都能够回顾一番。"他用钢笔蘸了蓝灰色的墨水继续写道，"旧方法中没做完的事得到了迁移、规划、处理，有的干脆就不用管了。"

把大目标分解为冲刺目标还可以控制损害程度。也许有些时候某个冲刺目标进行不了，你知道问题不在你身上，是没有天时、地利。如果规划得恰当，那么停止这一项目标并不会影响其他任务的进展，最坏的情况也不过是要兜个圈子。

无论成功与否，小目标都能带给你反思的空间。你可以将这种反思运用到项目的实施过程中，而不仅仅是添加到每日记录中。类似于每日反思（第 134 页），这种反思能够让你在验收每个冲刺目标时停下来反思这一阶段的经历。例如：

1. 我了解了自身的哪些优缺点？
2. 什么奏效了？什么没有奏效？
3. 我还有什么改进空间？
4. 我的生命增添了什么价值？

也许通过这一路所学，你发现自己需要重新调整大目标。这个发现很好。也许你会发现自己其实只是想烹饪意大利美食，或者只想做大锅饭，又或者，你发现自己比起烹饪更喜欢园艺。无论是什么情况，这些新的认识都会帮助你调整目标，帮助你更有效地利用时间和精力。修正方向只是意味着你发现了更有意义的事，这才是重点所在。尽情地把上一阶段的经验教训运用到下一阶段中吧。这种循环的过程会帮助你在处理要事的过程中不断成长。

循序渐进

我有三个朋友，她们有三个共同点，即都受白领工作所累、都热爱瑜伽、都向往 Instagram 上的诗情画意：茂密的棕榈树和蔚蓝的海水环绕着原始的白色海滩，俊男靓女一边喝着椰子鸡尾酒，一边围坐在篝火旁嬉笑。

第一位朋友叫卡伦。卡伦辞了工作、卖了家当，搬到哥斯达黎加后成了一名瑜伽教练。一年后，她又回来上班了。我问她发生了什么，她说自己不喜欢待在度假村里教游客做瑜伽，她想要环游世界，体验各地文化。但是她没想到的是，当地人负担不起她教瑜伽的费用，而且边工作边旅行大大减少了旅行的乐趣。路上所受的折磨和坐在办公桌前相差无几，虽然天气很好，但是她和自己爱的人相去甚远。

第二位朋友叫雷切尔。她也辞了工作，在一个梦幻的海滩度假村里教游客做瑜伽。过了一年多，她也回来了。她的理由是什么呢？她发现，教瑜伽剥夺了自己做瑜伽时的乐趣，她一度珍视的避风港成了更累人的职业。

第三位朋友叫利。她十年前就辞了工作，一直没有回来。现在，世界各地都有她教瑜伽的踪迹。为什么她与前面两位不同呢？因为她着眼于小处，循序渐进。最开始，她还上着朝九晚五的班，只有在周末的时候教一节课。因为热衷旅行，她利用假期尝试在不同的度假村里连续教一两周瑜伽，看看情况如何——结果发现这不适合她。但是她没有损失，还收获了知识。后来她又试着当一名兼职静修教练。这回对了。她喜欢静修，这份工作让她获得了乐趣、亲密的人际关系以及可观的收入。她还学会了如何改善静修的方式。她在当地创办了自己的静修班。等静修蒸坊搭建起来以后，她还把蒸坊移到了更靠近热带的地方，反响还不错。利没有选择完全改变生活方式，而是采取了系统的方法，一步一步实现了目标。她带着耐心与好奇，每次只解决一个问题，一步一步促使改变的发生。这种有条不紊的方法最终使她成功过渡到了一种全然不同的生活状态，而且可以一直这样生活下去。

无论是对个人、对专业技能，还是对其他方面的成长而言，改变都是至关重要的。改变既可能有力地改善境遇，也可能适得其反。巨大的改变会带来应激性的恐惧反应。我们越害怕未知，就越需要冷静。许多了不起的生产活动都导致了相应的甚至更大程度上的静止。我们总相信站在巅峰时一切皆有可能，但是巅峰之下是一片隐没在阴影中的山谷，我们觉得在山谷里将一事无成。

那么，如何才能持续有效地改变，同时避免压垮自己呢？在日本，有一个概念叫“kaizen”。“Kai”的大意是“改变”，“zen”的大意是“好的”，因此，“kaizen”大致可以翻译成“好的改变”。还有一种更好的理解方式是把“kaizen”翻译成“持续改善”，指小的、连续的、渐进的改进。

在西方世界里，人们最喜欢用“颠覆”一词形容进步，与此不同的是，“kaizen”重在表达持续改善。这一解决问题的方法采取提出小问题的形式，比如，我们可以做点什么小事改变现状？下一次可以改进哪些方面？通过这种方式，我们可以清楚地看到可实现的改进，也会更容易享受到持续进步的快感。

尽管“kaizen”最初用于改进日本汽车行业的质量和企业文化，但这一方法在各行各业都通用，在日常生活中也能促进重大改变的发生。通过把注意力放在小事上，我们既可以做到改变，又能避免不堪重负。我们要做的只是一次只解决一个问题。每一个解决方案都建立在先前的解决方案之上，因此，这些细化的步骤能很快积累起来，随着时间的推移实现巨大的改变。

实践

问小问题

在“目标”（第 150 页）这一节中，我们讨论了如何通过分解目标来实现大目标。现在，让我们把分解后的冲刺目标再次分解为可执行的几个步骤或任务。

在创建任务时要依据好奇心持续的时间长度而定，不要给自己下强硬的命令。比如，“减肥！”和“我能从食谱中去除什么不健康的东西？”两者就大有不同。

我们本就会解决问题，所以我们的大脑可以很好地回答各种问题。你可以通过问问题的方法来激发好奇心和想象力。

– 我想做什么？

– 我为什么想这么做？

– 我可以从哪件小事开始？

避免从大问题着手有助于将任务限定在可执行的范围内。任务越难，需要付出的努力就越多，你就越有可能拖延。尽量不要让任务太费力。

如果在实施过程中遇到瓶颈，也可以采用这个技巧。就算某个人或某件事羁绊住你,你也很有可能找到突破口。问问自己下面的问题：

– 目前我能采取什么微小的措施推动进展？

– 目前我能改善的是什么？

答案可能只是简单地上网找找资料、询问同事和朋友、重新调整冲刺目标或者在笔记本上增加迄今为止的学习成果。激励自己去寻找机会不断改进，是一种训练自己变得更积极主动的简单方法，往往会推动任务的开展。

这一方法最有力的运用便是在解决问题上。子弹笔记术并不是一成不变的，而是在解决一个又一个难题时逐渐组合而成的。过去这么多年来，我尝试过的大多数方法都不成功。但是我不认为那些努力都白费了，每一次尝试都教会我新的知识，最终促成了更好的解决方案。借用俄国作家亚历山大·索尔仁尼琴的话来说："只要人们足够诚恳地承认错误并从中吸取教训，错误就是伟大的教育家。"

当你碰到麻烦时，退一步看问题，把问题拆解成如下几个小问题：

– 究竟是哪里出了错？

– 为什么会出错？

– 下一次我能如何改进？

无论在这条路上会遇到什么障碍和挑战，都带着好奇去看待。拥抱它们，审视它们，针对它们提出小问题。不要因为恐惧、自尊或不耐烦而失去了提问的机会。正如美国著名天文学家卡尔·萨根（Carl Sagan）所言："这世界上有天真的问题、乏味的问题、用词不当的问题、自我批评不足提出的问题。但每一次发问都是为了了解世界。这世界上没有愚蠢的问题。"

PDCA 循环

一旦获得了答案，就需要检验答案的对错，因为答案常常都是错误的。但这无妨，这不过是寻找解决办法这一过程的一部分。爱迪生曾风趣地说道："我没有失败，我只是发现了一万条行不通的路。"失败也蕴含着益处和效用。积极地把失败看成一种学习机制，失败便能够教我们成长。但不要把失败看成一种目的，不妨将其重新定义为创造过程的重要组成部分，看成成功的必然前兆。例如，詹姆斯·戴森（James Dyson）在发明戴森吸尘器之前就尝试了 5126 次才最终达到他想要的效果。现在，他的身价已超过 40 亿美元。

爱迪生、戴森，还有许多像他们一样的人都会积极地吸取经验教训，充分利用失败。"失败"让他们不断改进想法，直至最终找到解决方案。这个过程便是 PDCA 循环，支持着持续改善的进行。

实际操作起来要更简单一些。一旦开始问自己“我能做什么小事改善现状”这样一个小问题，你其实就已经开始进行 PDCA 循环了。PDCA 循环由“kaizen”之父 W. 爱德华兹·戴明（W. Edwards Deming）推广，他将质量管理分为“计划（Plan）→执行（Do）→检查（Check）→行动（Act）”四个阶段，旨在带来持续改进。一起来详细看一看。

1. 计划：发现机会，制订改进计划；

2. 执行：执行计划，测试改进结果；

3. 检查：分析测试结果，确认学习成果；

4. 行动：按照学习成果行动。如果没有改进，换个计划重新开始循环。如果取得了改进，结合所学计划新的改进。去粗取精，循环上述步骤。

现在，看看如何把 PDCA 循环运用到子弹笔记中。生活中的每一天都可以看成一次循环，最直接的方法是在日反思（第 136 页）中计划，在一天中执行，在夜反思中检查和行动。

当然，和子弹笔记的其他方法一样，该方法也可以灵活进行。你可以依照自己的时间安排进行循环，可以在进行每日迁移、每周迁移，甚至是月度迁移（第 109 页）时进行。重要的是要养成这一习惯。

产出的多寡在很大程度上是由能否持之以恒决定的。一旦放松了大脑中的那根弦，不再逼着自己飞速工作，你就可以专注于过程了。我们都没有超人般的意志力，这是唯一能让我们持之以恒的方法。

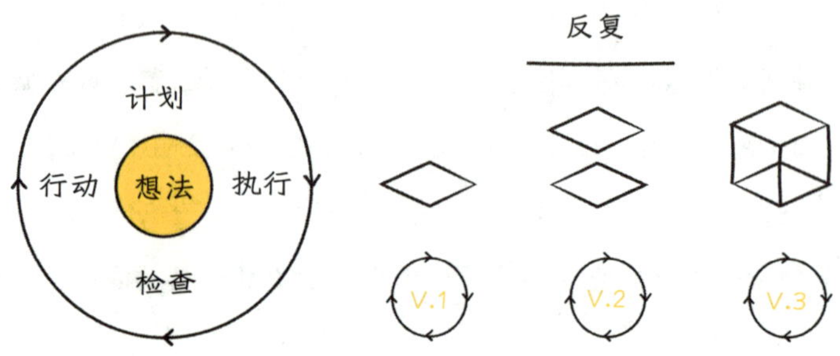

美好的日子

要达成目标似乎就意味着要受累，当你感觉低落、困顿或不知所措的时候尤为如此。你告诉自己，你没有足够的财力、精力、时间和意志去实现职业目标，更不用说个人追求了。不能仅仅因为这些想法是真实的，就把它当成实际情况。即使是在最不济的情况下，你都有选择的机会。

你可以选择专注于所有打击你的原因上，也可以选择专注于可行的小目标上。如果你对现在的生活不满意，那就问问自己：明天我能做些什么小事改善生活？可能就是简简单单地给朋友打通电话，或是挑个晴朗的天气早点出门，从风景优美的那条路去上班，还可能就是清理堆在椅子上的衣物。再次强调，我们要的只是找到任何一种成就，无论它多么微小都无所谓。把标准放低，低到切实可行，然后以任务子弹的形式把它写进子弹笔记中。

第二天再问一遍同样的问题，找到任何一件可以改善生活的事。可能是和昨天在通话中想起的另一个朋友聊聊天，或者是在那条上班路上发现的咖啡厅喝杯咖啡，还可能是清理梳妆台的抽屉。

每日安排

7
日反思
8
9
10
优先事项
11
12
1
午餐
2
3
4
任务
5
6
7
晚餐
8
9
个人事项
10
11
夜反思
12
计划
执行
检查
行动

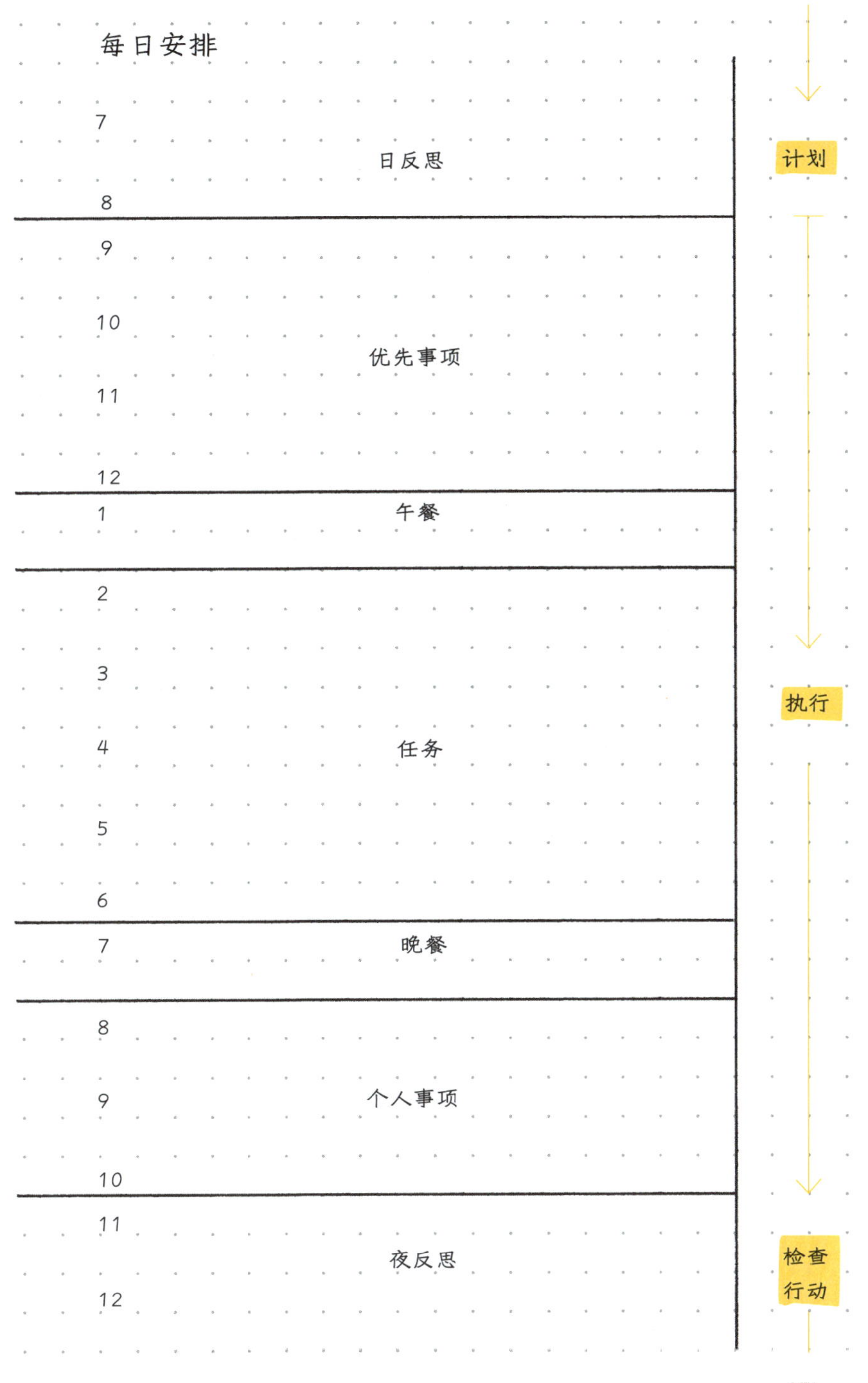

每天都做一些改善生活的事情，坚持一个月，并记录在子弹笔记上。不知不觉中，你会重新联系起曾经关心的朋友、找到新鲜有趣的地方、收获一个井井有条的家。理想中的自己与现实中的自己间的距离被拉近。小问题启发的小举动就这样对你的生活产生积极影响。提出一个又一个问题，完成一项又一项任务，你就循序渐进地走上了一条持续改善的道路。

28 件改善生活的事

22	23	24	25	26	27	28	第 4 周
15	16	17	18	19	20	21	第 3 周
8	9	10	11	12	13	14	第 2 周
1	2	3	4	5	6	7	第 1 周

时间

到头来，你活了多少岁不算什么，

重要的是，你是如何度过这些岁月的。

——亚伯拉罕·林肯

爱因斯坦在描述相对论时，和蔼地打了个比方："坐在美女边上，一个小时就像一分钟，而坐在热火炉边上，一分钟比一个小时还长。这就是相对论。"换言之，我们对时间的感知与所做的事情有关。

想想我们现在对时间的感知和儿时有什么不同。小时候，一个小时的车程就好像永远也走不完，我们会一直把"我们到了吗？"挂在嘴边。随着年龄的增长，我们对时间的流逝变得有些迟钝，也渐渐不再在意时间如何溜走。截止日期一个接着一个，目标也一个接着一个，时间就这样悄悄溜走了，在我们忙得不可开交时更是走得悄无声息。因为我们谈论时间时总关注时间的快慢，我们很容易忘记时间其实有限，而当我们意识到这点时，往往已经没有时间了。

残酷的真相是我们无法创造时间，

我们只能消耗时间。

我们无法延伸时间的长度，但可以提高时间的质量。

对时间质量进行评判不是一门精准的科学，但它也有重要的判断指标，即影响力。你是否常常觉得一整天都坐在办公桌前却成就甚微？还有的时候，你坐在办公桌前用几个小时粗制滥造地应付完几天的工作量。其实，你拥有多少时间无关紧要，重要的是你能把多少注意力放在当下。控制注意力很难，因为我们的头脑是不称职的时间旅者，容易迷失于过去和未来。我们是否常常囿于自己无法改变的事情，或者担心我们无法预测的事情？这样的担忧会从我们真正能够做出改变的地方挪走大把的时间和精力，只有抓住此时此刻，我们才能够有所作为。

时间的质量取决于我们把握当下的能力。

我们的注意力有一定的范围。有一种情况是，好奇心被事物消磨殆尽分散了我们的注意，比如说到车管所排长队就是这种情况。还有一种与之相反的情况，我们常常称之为“心流（flow）”，处于这种状态时，我们最关注当下，能产生最强的影响。

匈牙利心理学家米哈里·契克森米哈（Mihaly Csikszentmihalyi）提出了“心流”这一概念，认为人们在心流状态下最为快乐，这是一种对正在进行的活动和所在情境的完全投入和集中。契克森米哈一直致力于研究促使人们感到快乐的因素，他的研究对象涉及画家、诗人、科学家等各类创意、创新类工作者。所有受访人都认为当工作有了生命力以后，自己便活出了理想的状态。还有一些受访者称这种生活状态让他们心醉神迷（ecstatic）。这一单词的词根源于希腊语“ekstasis”，意思是“脱离自我”。契克森米哈指出这种感觉是由于人们过于沉浸在一项活动中而忽略了身边的一切事物。简而言之，当我们完全沉浸于当下时，生产潜能和创造潜能就完全被激发出来了。那么，有没有可能创造心流这一状态呢？虽然心流就像快乐一样不能强求，我们却可以通过巧妙利用时间打造出创造心流所需的条件。

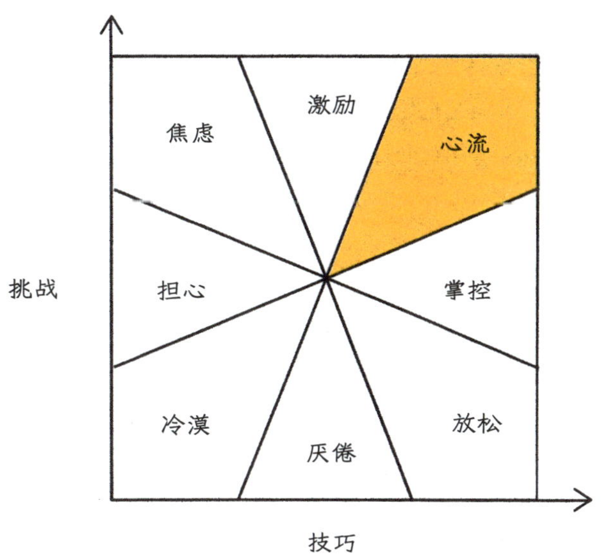

基于心理学家米哈里·契克森米哈的研究

实践

时间箱管理

无论你的生活带有多少意向性，你都不可避免地要做一些不太享受的事。人皆如此。可能有些事情很难，我们不敢开始（比如和重要的人推心置腹地谈话、找老板提出加薪、做重大的报告）；可能还有一些事情很烦琐，我们懒得动手（比如打扫屋子、缴纳账单、完成日常工作）。面对这些事情时，我们往往尽力拖延，但是事情不会因为拖延而凭空消失，只会像埋在任务列表中的定时炸弹一样，拖得越久越紧急。这就是为什么缴费这样简简单单的事会变得像拖延欠费、余额不足、经济焦虑等情况一样费时费力，突然给你当头一棒。

我们可以通过时间箱（time boxing）管理法来解决这个问题。时间箱，顾名思义就是把任务完成时间规定在一定范围内。其设计意图是把百分百的注意力按照规定的时间限制投入一样事物上。

时间箱为你拖延的任务增加了两个关键激励因素：条理感和紧迫感。

如果马上要考试了，但只有半个小时的复习时间，你一定会充分利用好这半个小时。你会更轻易地抚平急躁（“谢天谢地，拖不了多长时间”），会更容易避免压力（“我能办到！”），也会更迫切地专注其中（“好，集中半个小时注意力而已，大脑你听到了吗？我们能成功！”）。

比如，下个月你就要申报税款了，不要到了最后一刻才发现还有一大堆事情没有考虑到，然后开始崩溃、焦虑。你可以把申报流程分解成如下几个时间段：

- 第一至第二阶段：周日晚 8: 30 到 9: 00——收集材料；
- 第三至第六阶段：周一、周三、周日晚 8: 30 到 9: 00——将资料编入电子表格；
- 第七阶段：周二晚 8: 30 到 9: 00——提交文件；
- 第八阶段：周四（最后一天）晚 8: 30 到 9: 00——提供附加信息。

达到心流状态的关键是在任务的难度与自己的技能水平之间找到平衡。如果水平不够，那么这项任务很快便会招致焦虑与压力。时间箱管理帮助你分解任务，在任务推进的过程中提高你的水平。随着时间的推移，有些任务执行起来便变得容易了。如果还有任务毫不费力就可完成，我们在执行这些任务时的参与度也会很低。在这种情况下，时间箱可以通过提高紧迫感提升执行难度。

安排：勿拖延，请置顶

注意力持续的时间会在一天中逐渐下降。我们做事情的时间对我们完成的质量有着很大的影响。如果你发现自己总是把某件事往后推，那么你就找到了自己觉得麻烦的事。拖延意味着这项任务对你而言是个难题，它可能让你感到焦虑或者根本吸引不了你。不要拖延，请把这项任务置顶。

有的人不愿意以激发不了干劲的事情开始新的一天，我很理解这种感觉。我们完全有理由把这些事情排到后面，它们就像鞋子里的沙石，应该在没带来大麻烦之前赶紧取出。但其实，把简单的事情都趁早做完也是一种拖延。把烦心事趁早做完才会让接下来的一天轻松一些。就好比负重跑步，卸下沙包的瞬间会觉得身轻如燕。

倒序排列任务的另一个好处是你可以一步一步接近自己最感兴趣的任务。有期盼会更容易保持一整天的专注和动力。需要说明的一点是，每个人的生物钟都不同，比如有的人越晚就越兴奋。因此，安排任务时的诀窍是找出自己最高效、最专注的时候，然后制订相应的计划。

记住自己终有一死

祖父过世已经一年了。去年，我意识到祖父可能时日无多，便在子弹笔记上写了一条“给祖父打电话”。但是还没等我这么做，祖父就走了。我认识的大多数人都有类似的遗憾。死亡最能提醒人们时间的价值。

罗马人有句话叫“memento mori”，翻译成中文，大致是“勿忘死亡”。相传，罗马大将凯旋返乡，意气风发地列队而行，身旁的小兵便会在其耳畔反复低语这句话，告诫大将们勿骄勿躁。

所有生命终有一死，这是我们都知道的一条真理。但是，西方世界多多少少把生命无常妖魔化了。死亡之人化为残酷的死神，埋伏在暗处，伺机夺走我们的一切。“死神”这一概念令人毛骨悚然，也使我们对死亡这一不可避免的结果产生了十分片面的认识。但其实大可不必如此。接纳时间的无常，我们便可以更加充实地度过一生。

想想你最喜欢的食物。比如比萨。假设突然有一天，你知道自己这一生里只能再吃 87 次比萨了，你会因此讨厌、避免或者害怕吃比萨吗？比萨会让你变得压抑吗？不，很有可能恰恰相反。知道次数有限反而会增强你感悟当下的能力，带着不同于以往的感受，细细品味每一口。

不断提醒自己，你自己、烦人的同事、宠物、爱人、兄弟姐妹、父母终会死去，这将从根本上改善你与他人的交往，会让你更加善解人意、心平气和、与人为善、心怀感激。更重要的是，你会因此更加关注当下，从而提高时间的质量。

斯多葛派哲学家、古罗马帝王马可 · 奥勒留（Marcus Aurelius）曾说：“假设死亡近在眼前，以此来决定做什么、说什么、想什么。”如果真的按照这样的指令进行，你的生活会有何改变？一切还会是原来的模样吗？你会做点什么不一样的事？你会说点什么不一样的话？光是这样简单地想一些会让思路变得清晰或会提供新视角吗？真正的问题是，为什么我们不按照这种方式生活呢？毕竟，这就是我们面对的现实。

我们无法知晓命运对我们的安排。所以，当我们有机会进行选择时，务必要保持警惕，不能让无关紧要的事随随便便地进入我们的生活，毕竟生命只有一次。进行任务迁移要求我们问问自己这件事“是否重要”“是否要紧”，从而排除干扰因素。有时这些问题难以回答。而对生命无常的认识就像镜片一样，能够帮助我们在反思过程中更加清楚地明白什么才是当务之急。因为我们牢记自己终有一死，才会更加珍惜活着的每一分、每一秒。

感恩

生活十分微妙，有时你根本难以发现，

自己悄然走过的门正是曾经苦苦请求都未曾打开的那一扇。

——布里安娜·维斯特

大卫·林奇（David Lynch）执导的《双峰》（*Twin Peaks*）中，有一幕是美国联邦调查局探长戴尔·库珀和哈里·杜鲁门警长走进古雅的双 R 餐厅，库珀用手指抵着杜鲁门的胸口，笑着说："我要告诉你一个小秘诀。每一天，都要给自己一份礼物。"

礼物是什么？是点两杯"热的黑咖啡"。

这一幕给我留下了深刻的印象。大卫·林奇在双峰镇打造的场景怪诞、暴力、离奇，但在这样的环境中，库珀设法给生活增添亮色。

他考虑的是积极的一面。他喜欢这家餐厅、喜欢餐厅里的咖啡，所以他给自己一点时间，在餐厅里细细品味咖啡。虽然他把这种仪式感称作自己的秘诀，我倒认为这是我们所有人都具备的技能，只不过还有待开发而已。

正念的冥想传统教会我们把注意力集中在当下。无论是洗碗、刷牙，还是排队结账，我们都要全神贯注地培养关注当下的能力。一大误解认为正念中的冥想指的是丢弃思绪。其实不然，正念帮助我们抽身远观自己的想法。我的老师打了一个比方，把我们的想法比作汽车，冥想帮助我们站在路旁观察，而不是堵在马路中间。

我们害怕被困在生活这条马路之中，所以即便是遇到了至关重要的时刻，我们也会一踩油门疾驶而过。一个明显的例子就是我们对待成就的态度。如果成就是生产力的衡量标准，那么，成就的衡量标准又是什么呢？换言之，成就为什么有价值？为了腾达？为了成长？也许确实如此，但前提是我们务必要花点时间，仔细审视自己的努力带来的影响。因为，全速前进并不意味着行驶方向正确无误。

在下次画掉笔记本上的任务时，慢下来，反思完成这一任务对你的影响。你有何感觉？如果什么感觉都没有，或者只感到如释重负，那么很有可能这项费力的任务并没有给你的生活带来多少价值。我们必须承认这一点。但若你觉察到了一丝愉悦、自豪、感激、满足，那么你可能就有收获。给自己一小段时间体悟成就、感激成就，因为你会从这一过程中有所收获。毕竟，如果连你都无法欣赏自己的成就，这样的成就还有何意义呢？

成就能够滋养你、指引你，但是，在这之前，你必须花点时间感激自己取得的成就。

实践

庆祝

在子弹笔记中记载了许多任务，一旦完成一项，这一项就变成了你的成就。每画掉一项，你其实是在给自己承认成就的机会。如果这项成就影响深远，为此庆祝一下吧！如果这是一个巨大的胜利，比如达成一个里程碑式的或长期的目标,那就计划一场盛大的庆祝活动吧，最好叫上所有的参与者和关心你的亲朋好友。如果是个中等规模的成就，那就约上三五好友，或者早点下班给自己放个假。如果是个微小的成就，那就笑一笑，打个响指，挥拳庆祝，大喊一声“完成啦！”，享受多巴胺带来的兴奋吧。庆祝胜利的目的不仅在于拍背鼓励自己，还在于锻炼你分辨积极时刻的能力,从而发现并享受更多积极的时刻。

庆祝微小的成功能极大改善我们对自我的认知及态度。我们往往对做错的事情日思夜想，却无视了所有做对的事情。通过庆祝成就，我们逼着自己承认自己的能力，见证我们可以做出贡献的证据。如此一来,我们的注意力就从“我要怎么才能把事情做完？”转移到了“看看啊！我把这些都做完了！”。对失败的恐惧不再牢牢扎根于心中了。这不是自我麻痹，而是有意识地创造动力、乐观及韧性。要开始欣赏成就，一个简单却有意义的方法就是把成就写在纸上。这样你就会停下来，把注意力放在一段好时光上。在子弹笔记中，你可以把令你感恩的事件写在每日记录、月度记录的日历页或者感恩记录中。

感恩实践

研究表明，五次赞美才能抵消一次批评。这是因为我们对消极事件的记忆比对积极事件的记忆更深。感恩实践这一简单的过程指定期收集你所感激的东西，这个方法能够很好地通过培养对生活中积极事物的意识来抵消消极偏见。

事实证明感恩实践有诸多裨益，它可以改善人际关系、调节身心健康，调整同理心以及自尊心，克制好胜心等。我喜欢将其视为让我们与生命的对话始终保持有效的方法。让我们用两个简单的例子一起了解如何在子弹笔记中进行感恩实践。

1. 在每日记录（第 90 页）的夜反思（第 136 页）中，写下至少一件让你感恩的事，养成习惯。
2. 创建“感恩”集子（记得添加进索引），每天写下至少一件让你感恩的事，养成习惯。如果你热衷于此，你甚至可以带着创意来记录你最喜爱的瞬间（第 17 页）。

很快你就会把生活中常见的感恩项列完，比如健康、家庭、家人、朋友、宠物等。这么做的目的在于避免重复感恩，然后趣味便会显现出来。当我们耗尽了库存，我们就会开始挖掘日常生活中的新材料，我们会变得更加关注当下。随着你不断积极寻觅生活中的美好，你便能更好地发现美、欣赏美。借用一下本笃会修士大卫 · 斯坦德拉（David Steindl Rast）的话，“你无法对事事心怀感激，但是你能时时心怀感激。”

即便是在没有收获的日子里，感恩实践也会帮助你寻找到可感恩之事。感恩的对象可以是帮你解决麻烦的同事、为你开门的陌生人、值得细细品味的一顿饭，或者离入口很近的停车位。感恩实践会帮助你留心生活中微小的幸福，每一天，你都能体悟到生活的美好。

Gratitude

the rain gave me a break!

Mark

#OMIMBJ

analog tools

POSITIVE ♡ COMMENTS

lisa AND bonnie!

TAKING A ME DAY!

Peloton

FEELING healthy

long hot baths

NAPS

CREATIVE TIME

REST

Cream Ridge Veterinary Clinic

ENERGY

baby fever

PUPPY SNUGGLES

hubby

SUNNY DAYS

TACOS!

BELLA

getting BACK TO normal

being self-employed

掌控

神啊，求你赐给我平静的心，去接受我无法改变的事；

赐给我勇气，去做我能改变的事；

赐给我智慧，去分辨两者的不同。

——雷茵霍尔德·尼布尔

世间万物都在不断变化，这是为数不多的普遍真理中的一条。一方面,这个道理让我们胆战心惊。因为事物可能会往更糟的方面发展。我们投入了大把的时间和精力，更不要说财力，试图避免或减少诸如失去工作、地位、安全感、健康或亲友的负面改变。另一方面，为了得到诸如教育、外貌、能力和收入等方面的积极改变，我们的付出也不可小觑。在这两种情况下，我们的诸多努力都付诸东流，这是因为我们把努力用在了我们无法改变的事情上。要了解什么才是我们可以改变的，首先要定义出究竟有什么在我们的掌控之中。

斯多葛哲学这一古老学派的核心便是认清自己能掌控的事，该学派专注于解决如何过好生活这一千古难题。对斯多葛学者而言，答案的关键在于从我们能掌控与无法掌控的事物之中“找到差别”。

根据斯多葛学派的要义,我们无法掌控周围的世界以及其中的人。

不自量力地否认这一真理只会让我们沮丧、受挫、完全迷失自我。比如，有的时候我们想要获得他人的认可和褒奖，但是常常得不到自己想象中的奖励，这时我们便会感到愤怒和困惑。为什么我们的情绪会这么糟糕呢？因为我们对自己无法掌控的事情寄予了厚望。

当你通过这一层滤镜来看待生活时,许多事情都变得明朗了起来。无论你多么与人为善，对方就是无动于衷，因为对方就是不喜欢你；你提供了合理的建议，但是朋友不愿意采纳，直截了当地选择了相反的建议；你没日没夜地加班，却得不到晋升的机会。有无数次，我们敞开心扉，却不被温柔以待。我们越是想要掌控别人的想法，我们的生活就越不顺意。

如果我们无法掌控外部的世界和其中的人，那么我们能掌控的只剩下自己的内心世界了，对吗？我们是情感复杂的生物，有时会忍不住因为被冤枉而感到愤怒，或者因为遗失了东西而感到难过。所以，我们无法完全掌控自己的内心世界。因此，我们既无法掌控个人的情感,也无法掌控他人和外部世界。但是有一样东西是我们能够掌控的，而且这样东西的效果十分显著。

我们能够控制自己的反应。

我们完全可以有意识地思考如何应对由世界、他人，甚至我们的情绪加诸我们的各种问题。无论生活中发生了什么，无论事情多么糟糕，你都不会完全被自己的经历所支配。我们的一举一动总是会带来机会和自由。充分利用好这份自由，便是我们的责任了。

以前我的电脑死机了，我就会疯狂地敲击鼠标和键盘，就好像在雨天里朝水坑撒气一样。开始使用子弹笔记以后，在想要为小事发火前，我都会先问问自己“为什么要生气”。如果有别的车在高速上挡了我的道，我也会问自己为什么要为一件超出自己掌控范围的事情发火。现在，行车上路时我都会离前面的车稍远一些。

——子弹笔记使用者特赖·考夫曼

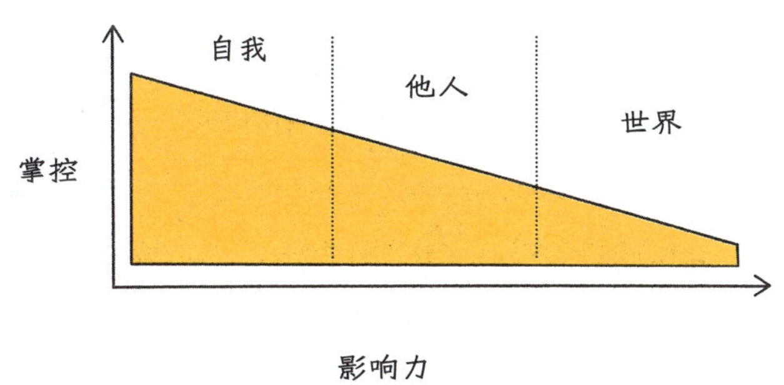

实践

应对 vs 回应

我们下意识做出的回应常常出于条件反射，当情况对我们不利时尤其如此。打个比方，你有个同事叫查德，每当他冲撞你时，你都会条件反射地保护自己不受侵犯，就像河豚鼓起身子一样。你可能会浪费许多时间思考查德如何错怪了你、误判了形式、选错了鞋，或者弄错了有关生活的各个方面。还有可能，更糟的情况是，你反唇相讥，他以牙还牙，两个人一路针锋相对，一起跌回低级文明的时代。

我们之所以这样浪费精力“保护”自己，是因为在内心深处，我们还保留着动物的本性。曾经，我们的祖先要想幸免于追捕，只能选择逃跑或者主动出击。但是现在我们已经远离了在树上窜逃的日子，我们有了更好的选择。

与其把查德约到门外了事，不如深吸一口气，等进行每日反思时再以更恰当的角度重新审视这件事。想想为什么他会这么说或者为什么他会这么做？为什么他会主动提出这个别有用心的看法？这个看法究竟为什么会激怒你？你的看法是什么？

带着这些问题，在子弹笔记中写一封信记录自己斟酌过后的应对方案。现在要澄清的一点是，这一封信并不是一定针对查德而写的，而是为了让你厘清思路，为了让你看清怒气正盛时被掩藏了的机会和见解。这个方法帮助过我应对许多麻烦的人和事。首先，笔记本给了你一个安全的宣泄口，都写在纸上以后心情就已经平复了许多。同时，纸上的想法也能凸显你卑鄙、无理或不理智的一面。把这些负面情绪整理出来之后，你就能退后一步，以一种冷静的心态重新考虑这件事，想出有效的后续解决步骤。

比如，你可能会发现，产生争执的原因是你不了解对方的出发点。其实你完全可以做到这一点。在与人交谈时尽量倾听对方，可能你就会发现对方的意图。可能他们误解了什么，就算是你站在他们的立场上也会生气。不能因为他们冒犯了你就认为他们错了，也不能因为你受人冒犯就认为你有理。

在写这封信的过程中，也许你会意识到，他们的言行举止压根与你无关。怒气正盛时我们很容易忘记攻击我们的人可能正挣扎于自己的痛苦之中。恐惧或愤怒的回应只会加深对方和自己的创伤，失去了相互理解、进步和解决问题的机会。同时，我们还浪费了更多的时间和精力担心我们根本无法掌控的事情。

过程 vs 结果

马克·吐温曾说：“我一生总在无止境地忧虑，其实很多担忧从未真正发生过。”忧虑总能抓住我们的注意，而无法掌控的事情充满了不确定性，我们对此尤为焦虑。我们消耗了大量精力幻想着可能出现的结果，然后制订相应的计划。但是实际上，我们只是在加重焦虑而已。幻想着摆脱无法掌控的局面可能让人动力倍增，但其实这只会让你分心。

忧虑诱使我们以为这种情绪会带来解决方案，

但通常并非如此。

在进行日反思和夜反思以及月度迁移时，扫视一遍你的任务，试着分别找出受你掌控与不受你掌控的事。一个简单的分辨方法是观察这条任务是注重结果还是过程。比如“• 做个很棒的汇报”“• 减十斤”“• 读五本书”，或者“• 让查德看清原因”都属于目标。尽管目标会带来方向，但是目标重在结果，而结果不是我们所能够控制的。这就是为什么我们把目标分解成一个个可执行的小步骤，如“• 背诵汇报讲稿”“• 周日不喝苏打汽水”“• 留出一些阅读时间”和“• 缓解查德的

忧虑”，这些都是受你控制的。

认清无法掌控的事并放手，就可以收回注意力，把其放在可以掌控的事情上。只要专注做好每一件掌控之中的小事，终会促成一个目标，除此之外，别人对我们就再无其他要求了。更重要的是，我们对自己也不会有其他要求了。

辐射力

当一个人改变自己的本性时，

世界对他的态度也会发生改变。

——甘地

想想你那些刻薄的同事，尽管你很满意现在的工作，但当他们在抱怨公司、工作，或者教唆别人为他们行事时，你心里作何感想？你心里必然是不舒服的。研究表明，这种情绪会伴随着你，甚至你在吃晚饭时会不知不觉地向你的另一半流露出来，然后第二天再由另一半传递给他（她）的同事。

我们的行为像投入水塘中的鹅卵石，在我们周围的世界激起一圈圈涟漪。每一圈涟漪都会在各自周围激起更多涟漪。比如，当你为某人拉开一扇门时，这个人就有可能因此愿意为下一个人拉开门，或者向世界传递其他善意，而你的善意是这一切的源头。同样，当你掌掴某人，很有可能对方的配偶、朋友或子女也会受此波及。我喜欢把这种影响周边世界的能力称为我们的辐射力，顾名思义，即我们的举动所辐射出的能量。

辐射力的本质常常源于内心的反应。这就是为何培养自我意识、远离自私至关重要。如果我们没有意识到要对自己的卑劣品质负责（或者不愿意负责），我们就会不可避免地把这些负能量传递给附近的人。你的一言一行所带有的能量会改变周遭的世界和其中的人。比如，你对某个项目缺乏热情，整个团队都可能会被你拖垮。再如，坏情绪可能会在你和同伴安静地共进晚餐时又默默回到你这里。

我并不是在建议你强迫自己成为永远乐观、快活的迪士尼人物，相反，我是在告诉你，我们有义务改进自己的不完美，打造自己的优势，因为我们不是一座孤岛，通过培养潜能，我们对己对人都能更具价值，尤其是对我们亲近的人而言。

尽管你无法掌控他人，但是你仍会以某种方式影响和你打交道的人，而你周围的人又会将这种影响推而广之。你的知识可以教导他人，你的努力可以激励他人，你的乐观可以感染他人。世界营销大师赛斯·高汀（Seth Godin）曾说："你不是创造能量的人，就是毁灭能量的人。"

提升自己也会提升他人，如果再把这种涟漪效应无限放大，甚至可以提升整个世界。就算你不想提升自己，就当为了他人而奉献吧。如果你的生活目标是成为一个对他人有用的人，你可以从对自己有用开始。

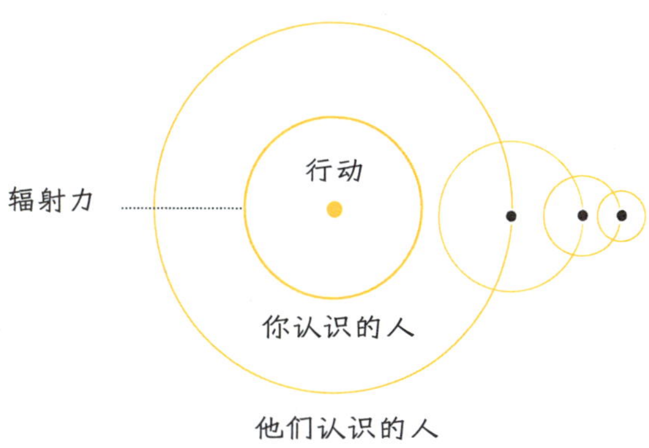

实践

自我怜悯

想一想日子不太好过的朋友，可能他们把工作搞砸了，可能他们对别人不太友善，又可能刚刚被另一半提了分手。无论是什么情况，他们的自我感觉一定很糟。你可能耐心地坐在他们旁边听他们不断谴责自己如何糟糕、如何没用。

可能你会试着纠正他们扭曲的自我认知，指出他们做得好、做得对的地方，提醒他们自己多么关心他们，安慰他们每个人都会犯错。可能你会试着帮助他们迈步向前，因为你知道沉溺于错误的认识或缺点于事无补。就算什么都没帮到，至少，你认真倾听了。当我们关心的人需要开导时，我们乐于提供帮助和宽慰。如果我们把这种善意推及自身呢？

说来容易，是吧？我们有无数个理由严格要求自己，在缺乏安全感和心思敏感时尤为如此。我们需要把这种对自我的压迫转变成我们给予他人的简单明了、富有同情心的宽慰。

自我怜悯可以由一个简单的小问题开始：

在这种情况下我会对朋友说什么？

这个问题打破了对自己的苛责，使你进入问题解决模式。试想一下，如果朋友痛苦万分地向你寻求帮助，而你只是对他们的错误横加指责，你忍心这么做吗？你显然不会，因为你知道自己是对方的知心好友。但是我们总是对自己破口大骂。

下次你发现自己为难了抢先吹灭你生日蛋糕蜡烛的人时，不妨把自己当作朋友来对待，不要苛责自己。想一想在这种情况下，你会用什么耐心的、同情的建议开导朋友？还有些时候，朋友搞砸了工作，开始质疑自己的能力和价值，很快就失去了自我判断。让朋友乐观起来的一个简单方法是向他们证明他们的能力，迫使他们质疑内心的自我批评。当我们自己遇挫时，也可以采用同样的策略安抚自己。

当我们犯错时，我们内心的批评之声会越发响亮，而且比任何时候都更具说服力。幸好，我们有一些有力的证据来证明批评的荒谬，而且这些证据是我们自己写下的！如果你在使用每日记录，你就清晰地记录下了自己的成功、能力、善良与爱心。如果你还使用了感恩记录（第 180 页），那这些事例就更加清晰了。不管你觉得自己有什么过错，你似乎都可以在子弹笔记中找到无可辩驳的证据自证实力。

情绪低落时，趁着做反思的时间看看这些记录，向自己展示证据，让自己接受证据。这个过程一开始可能还比较艰难，你可能还是会对自己挑三拣四，但是试着在一团阴郁的内心噪声中为这仁慈的乐音腾出空间。这乐音持续的时间越长，你就越有可能看到自己的实力。随着时间的推移，你就更愿意相信自己的实力。

共同进步

辐射力是双向的。留心身边的人，因为他们也会影响你，他们的优缺点都会给你的人生轨迹带来巨大影响。因此，无论是在个人领域还是职业领域，仔细考虑和谁培养感情都至关重要。

浏览一遍你的子弹笔记，看看你都在和谁交往。可能你很清楚自己对他们的感觉，但是你考虑过他们对你的影响吗？留心几个交往细节，比如回家以后细想一下今天的晚餐、约会和会议。你从中得到乐趣了吗？你从中学到了什么？是不是把大部分时间都用来听他们抱怨了，而且还是老生常谈的那几句？你和他们待在一起时感觉如何？别担心，你并不是在偷偷摸摸地记录朋友的言行举止，只是简单观察他们对你的影响。你可以这样快速记录：

o **和贝卡的晚餐@埃维莉娜家**

– 谈论志向

– 想一起去葡萄牙旅游

– 想一起组织一场派对

– 每次告别时都充满干劲

一开始可能会有些难为情，但若不记录和朋友的互动，你可能会选择对某些情绪避而不谈。不记录就永远不知道会发生什么。也许，你会意识到这段感情要榨干你了，让你感到筋疲力尽。或者在这段感情中，你总是单方面地投入。还有的时候，对方让你深受启发、轻松愉悦、充满活力或者平心静气。无论是什么情况，你都会更了解自己与他人交往的情况，从而有意识地管理与他人的感情，分清究竟哪些感情值得自己用心打理。

消极或死气沉沉的人可能会破坏你用心生活的努力，试着与那些鼓舞你、激励你、提升你的人保持联系。问问自己：我能从他们身上学到什么？他们的出现改善了我的世界吗？他们激励我上进了吗？

极简主义者乔舒亚·菲尔茨·米尔本（Joshua Fields Millburn）曾打趣道："你无法改变身边人，但你可以更换身边人。"谁值得你花费自己宝贵的时间，需要你斟酌。待在希望你好的人身边。希望你好指的不是对方总是认同你的观点或者无条件支持你，而是希望你成功。可能对方和你的谈话不太愉快，可能对方会反驳你的观点、指出你的错误、提醒你你的蛮不讲理，但是对方仍盼望你成功。我们都需要时不时地接受他人的审视。找一个朋友，两人互相尊重、互相赏识、互相关怀，共同成长。

学习

利用自身为他人服务的最好做法就是逼着自己成长。为此我们要时刻学习。用心求知会帮助你融入世界，在你眼前展现的世界可能是你从未考虑过的，也有可能不如你所愿。

在进行反思时，问问自己：

- 我在学习什么？
- （形势局面或人际关系方面的）哪些经验教训教会我或促使我去学习？
- 我想深入学习什么内容？我要如何深入学习？

不管是阅读、上课、与密友和导师谈心，还是充实生活经历，把这些事情都安排进你的计划中。用子弹笔记确定哪些事情会激发你的探索欲。一旦确认了自己的兴趣点，就可以设定目标（第 150 页）了。学习目标的执行过程可以同其他目标一样，按照我在下方提供的图示进行。

每学成一件事，你就会变得更有能力、更全面、更具内涵。你会给身边的人带来更多价值，这不是因为你为他们做了什么，而是因为你为自己学了什么。

学习

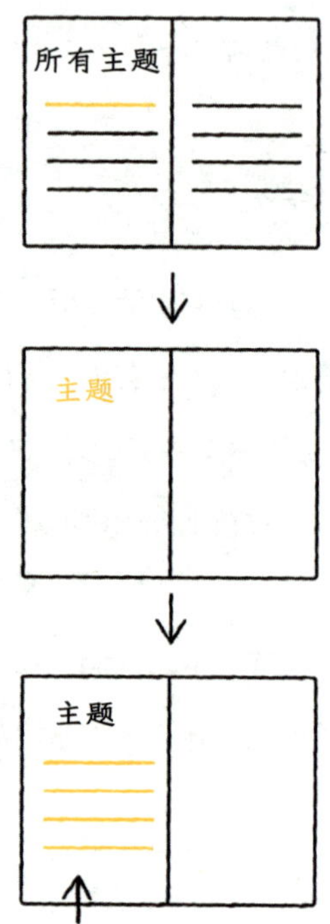

学什么

我想要学什么？

创建一个集子，在集子中写下脑中浮现的想法。

为什么

我想先学什么？为什么？

选择你**最好奇的事情**创建集子。

怎么学

我打算怎么学？

仔细思考脑中浮现的想法。

开始创建任务清单。

问问自己：我能从哪件小事开始学习？也许就是找到进行研究的时机吧。着手行动吧！

忍耐

一个人若是知道自己为什么而活，

就可以忍受任何一种生活。

——尼采

我不知道别人对洗碗抱有什么样的态度，我自己十分厌恶洗碗。我知道这种厌恶很傻，我也曾试着把洗碗当成一种正念练习，趁着洗碗的时候隔绝各种科技产品，但我还是讨厌洗碗。洗碗是我童年常做的家务之一，因此长大以后，我便对洗碗产生了无尽的厌烦。

有一段时间我妻子痴迷于烹饪，每次她用过厨房之后，我都要花好几个晚上仔仔细细地在厨房里洗洗刷刷。结果就成了这样：我费尽周折整理厨房，她回到家练习厨艺，然后我前几晚的劳动成果付诸东流。

是啊，一到家就有热饭热菜，我应该感激才是。更何况妻子也辛苦工作了一天啊。但是我就是不愿意把有限的时间用来洗碗。

转变发生在一天晚上，那天晚上我听到她哼起了歌。

在那一段时间里，她其实饱受煎熬。我最初喜欢上她，是因为她有活力又迷人的傻傻模样，但是在那段时间里，这样的她逐渐消失了。以前我们能依靠谈心解决问题，但是在那段时间里她所经历的事，我根本无能为力。显然，我也为此焦虑，毕竟我们最不希望眼睁睁地看着深爱的人受苦却爱莫能助。

有一天晚饭前，我回到家，听到屋子里飘荡着柔和的歌声。我不知道发生了什么，结婚这么多年来，我从没听过妻子唱歌。但是，那时的她一边低声吟唱，一边轻快地打开烤箱取出晚餐。

我突然意识到，妻子对烹饪的喜爱其实和食物本身无关，这只是她向生活这个魔鬼抗争的方式，而且同时她还想用这种方式告诉我她有多么在意我。厨房是她可以掌控的场所。那天晚上洗碗的时候，妻子轻松舒坦的模样在我的脑海中徘徊。我发现，我要做的、我能做的，只有帮她洗碗。

后来，她慢慢好转，又恢复成原来的模样，我倒有些怀念起她做的饭菜了。后来做饭完全成了一种加深我们感情的方式。每当生活变得艰难，需要我们好好谈一谈的时候，我们都会给对方做一顿晚餐。无论对话有多么不愉快，我们都不会忘了准备一顿代表着尊重与关怀的甜蜜晚餐。当然，洗碗还是少不了的。不过我发现，妻子和我一样都很讨厌洗碗。共同讨厌一件事最能增进感情。

这次的经历让我爱上洗碗了吗？并没有。但是我看清了洗碗这一举动有多么重要。我不得不忍受的家务突然给我的生活带来了真正的价值。那么，有什么不同了吗？洗碗的过程当然还是从前那样，只是我变了。我开始重视这项任务，开始更卖力地洗碗。有一天，妻子做了一顿大餐，饭后我洗碗时，她走过来在我脸上留下一个吻，说道："谢谢你，我知道今天的碗有点多，也知道你不喜欢洗碗。但是这么做对我而言真的很有用，我会觉得仍然有人爱着我。"

过去，要我定义或者寻找对我而言真正有意义的事情，我总认为需要一些夸张的举动。也许，需要我背上行囊，去地球上寒冷偏僻的角落里寻找未开化的穴居人。现在，我知道了，在家里也可以寻找到有意义的事情。

意义可以在最不寻常、最不可预测、最悄然无息的时刻显现出来。如果我们不倾听周围的世界以及其中的人，我们就会错失意义，错失这单调俗世里的美妙乐音。这种寻找意义的技能可以通过学习获得，这种知识不在课堂里，难度不会超出我们的知识水平，学习的主题就是我们的生活经验。

常常我们都会下意识地行事，把生活调成自动驾驶模式，鲜少停下来细细思索情绪背后的原因。不了解事情的来龙去脉、也不去了解某件事给你的生活带来的价值，你的努力最终会变得毫无意义。了解事情的背景会帮助我们理解不愉快的，甚至是痛苦的经历究竟如何真正使我们获益。让我们一起探索一些揭示背景信息的方法吧。

实践

分析记录

演讲者部落（Speakers Tribe）的创始人萨姆·考索恩（Sam Cawthorn）曾说：“最快乐的人不一定拥有最好的一切，但他们能充分利用一切。”重塑对平淡琐事的定义是开始这一过程的一种强有力的方法。很多事情在一开始并不能激起乐趣，比如洗衣服、做项目、买菜等。不要把注意力放在干活的痛苦上，而是要想一想这些事情带给你的收获。洗完衣物后，洗澡时会有松软的毛巾，上班时会有干净的衬衫，睡觉时会有洁白的被单；做完项目后，不仅会收获成就感，还能得到源源不断的收入，也许其中一部分收入就可以作为夏威夷之旅的旅行资金（第 244 页）；买菜可以为你的餐桌提供美味佳肴，或者可以让你和爱人共度一段美好时光。

这不是盲目乐观，而是系统地分析你的努力具有什么目的。我们很少这么做。我们可以创建一个“分析记录（Clarity Log）”帮助我们留意为什么要做正在做的这件事情。浏览每日记录，确定最让你头疼的义务和琐事，选一个写在分析记录的左页。比如，我们以付房租为例：

付房租让我难受，因为这像在浪费钱。

确实，付房租就像每月例行的仪式，你要把自己辛苦挣来的血汗钱铲到房东心里填不满的无底洞中。但是，你选择租这所房子肯定是有理由的。让我们花点时间想想这所房子里你喜欢的地方，平衡心中的负面情绪。

闭上眼睛，认真想一两条让你在这里安家的理由。无论是什么原因，都写在右页，与刚才那一行相对：

- 晨光照亮床旁的地板
- 咖啡厅里的香气透过窗户飘来
- 通勤时间短

没有任何一个地方是完美的，但如果在房子里的大多数时候你都感到快乐，那就可以把付房租视作一种奖励，视作享受这些乐趣的合理开销。这就阐明了为什么付房租这件琐事具有意义。

另一种发现意义的方式是想想我们爱的人。可能上面这个测试让你发现自己其实一点也不喜欢这个家（如果是这样，我很抱歉，我也有过这种经历）。但是还有翻盘的机会。从人际关系的角度想想你搬到这里的原因。也许这是个学区房，孩子能获得更好的教育；也许通勤距离短，下班后有更多时间和朋友聚会。不管是什么原因，都写下来。

把义务和你爱的人联系在一起会产生必要的意义。尽管这么做并不会让你喜欢上这些义务，但是至少能赋予义务以意义，这样一来，就算是最烦人的事情也变得容易忍受了一些。

分析记录

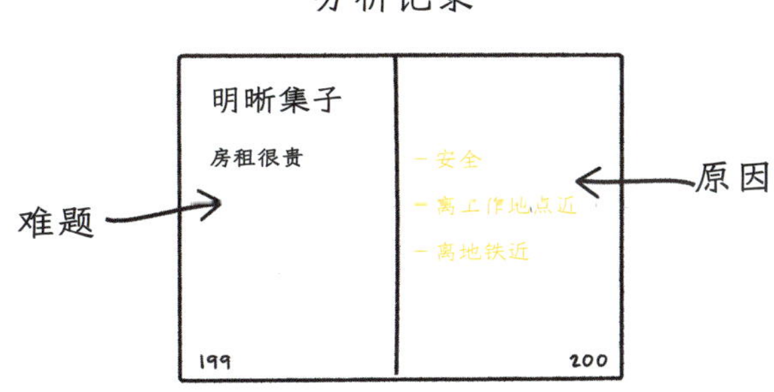

追踪进度

有没有可能我们在尝试了之后却发现找不出做这件事的好处或者意义呢？许多事情的意义不会在当下就显露出来。意义就像不守时的客人，每每迟到，但总会带一份大礼。耐心观察才是关键。

如果你找不到一件事的意义，那就多关注这件事。月度迁移同样适用于监控进展，你可以利用月度迁移定期检查自己的进度。如果你最终得出结论，认为一件事毫无价值，或者为此付出的努力和结果不成正比，那么你便可以确认这是分散注意力的事，放下它吧。如果出于某些原因你不能舍弃这件事，那就进行拆解（第 205 页），想出备选方案。

拆解

以障碍为道路。

——马可·奥勒留

巴比伦创世史诗《埃努玛·埃利什》（*Enûma Eliš*）是目前已知最古老的文本之一，作品讲述了主神马尔杜克（Marduk）大败妖魔之母龙形怪物提亚玛特（Tiamat）拯救众神的故事。诗中描写了善良与邪恶、有序与混沌之间的世纪对决。马尔杜克一枪投去，刺死提亚玛特，并将它的尸体拆解，利用尸体碎片创造了万物生存的基础。它的肋骨变成了天空，嘴巴变成了海洋。以此作比喻有些吓人，但它能够有力地向我们证明，我们可以拆解任务为我们所用。

大学毕业后，我有幸得到了梦想中的实习机会。我在大学里既学平面设计又学创意写作，我想把这二者结合体现在微型电影片头上，希望能够媲美大制作电影的效果。我的上司想要复兴这种艺术形式，他在这一行里算是领军人物，公司的作品都十分吸引人。

我带着两包行李搬到了纽约，用我仅有的钱和别人合租了一间霉湿的地下室。另外两间好点的房间已经被别人占了，房子里还有一只不讨喜的猫。为了这份实习，我付出了点代价。

在约定报到的前一周我致电公司，想要了解实习的具体内容，结果令我大吃一惊，公司因为去年的“9·11”事件而裁员了。长话短说，我还没上岗就失业了，公司的人甚至懒得告诉我。突然之间，我就像其他失业的艺术系毕业生一样，在纽约几十年来最寒冷的冬天、在美国历史上最萧条的劳动市场里寻找工作。

几个月了我都没找到一份满意的工作，我已经山穷水尽了。天气好的时候，我费力地穿过积雪地，带着我的面试材料挤高峰期的地铁，然后为了一份完全无法胜任的工作接受人事专员拷问般的面试。天气不好的时候，我就坐在电脑前投递一份又一份的简历。

有天早上，一阵怪声把我吵醒了。我睁开眼睛，发现地板在晃动。不对！地板泡在水里！原来，雪在夜里化成水漫进了我的卧室。我的面试资料浮在水面上，里面是我用来申请工作的设计作品。我脑子里冒出的第一个想法是，*幸好资料都备份了*。但是，我马上就看到了装着备份文件的驱动器泡在水里，电脑屏幕因为进了水，一直在一旁闪烁。那天早上，我几乎一无所有了。

在那之后，为了生计，我不得不很快接受了第一份工作。这份工作和我的专业知识毫不相干，但我已经走投无路了。

上班第一周我听同事说之前负责这个岗位的员工都叫苦不迭地逃走了。很快，我就知道了原因。我的工作主要是编辑书目清单，列出公司出版的所有书籍。但这有成千上万本啊！是啊，我是很喜欢列清单，但是这样烦人的清单我还是第一次见。

这项工作没有技巧，也没有加快进度的捷径，难免会出错。一到犯错的时候，整个公司的人都会指责我。最重要的一点是，我的上司总是连讽带刺地打击我仅存的自信和自尊。有一次，她又对我破口大骂，附近办公室里的员工听到声响纷纷围过来看热闹，以为这里有“情况”。后来我甚至不敢去上班了。虽然我还不知道该怎么办，但是我知道必须要改变这种状况。

我再一次开始找工作，但进展并不顺利。因为我无法展示自己。我的资料全没了，实习经验也不多，现在的工作还和我的专业毫不相干。就连我自己都不想聘用我这样的人！于是，我放低姿态，接受现实，抓紧时间提升自己的价值。

我开始在初版的子弹笔记中分析自己是如何利用闲暇时间的。我发现一大部分时间都花在了网上，于是我又开始分析自己浏览的网站。结果表明，我浏览网站多是为了了解交互设计，这种新兴的网站集艺术、摄影、录像、设计于一体，用引人入胜的方式进行互动。恰巧在那段时间里，艺术家、设计师和小企业家的个人网站蓬勃发展。

我正好还没从那场水灾的打击中恢复过来，因此很受这一好处吸引，想把作品发布到网上，这样作品就不会因为房东的疏忽还有天降的大水而丢失了。恰巧那时还有几位朋友希望我为他们或者他们的工作建立网站。我想，也许我可以从中挣一笔？

于是我从牙缝中挤了点钱报了夜校，学习网站设计。这在当时还是一种新兴的课程。这门课一周有好几次，每天结束工作后，我都会拖着疲惫的身躯，来到这间没有窗户的教室里上课。虽然身体劳累，内心却充满干劲。这么久以来，终于有一件事和我产生了共鸣。我学会了如何设计、编写初始网站，我抓住眼前的一切机会，先是为当地的一家餐厅设计了官网，又为餐厅酒吧服务员的乐队设计了网站……

最终，我终于积攒了足够多的工作机会，从原公司辞职，专注于这条全新的职业道路。

虽然我不认为这条职业道路走得十分巧妙，或是恰合我意，但是我想说，从这一经历中我可以看到，我们很容易受到生活中各种遭遇和义务的负累。无论是缴税、付房租、照顾病中的亲属还是偿还学生贷款，这些事情都像我们生活中的提亚玛特。我们可以畏首畏尾、自怨自艾、怒命运不顺、装可怜博同情，或是等着天降奇兵解救我们，也可以选择自救。

实践

在生活中，我们往往会夸大问题。无论真实情况如何，我们都会在心里把它想象得更糟糕。我们觉得这个问题会耗尽自己的一切能量，因此觉得自己既无能又无助。但其实并非如此。无论处境多么险恶，它都无法完全控制我们，它带不走我们回应的自由和行动的力量。

即使是最微小的举动也会改变我们的处境。第一步可以是简简单单地停下来检查自己的问题，然后开始拆解问题。我们将通过五问法（Five Whys）这一技巧进行拆解。

五问法

五问法由丰田自动织机制作所创办人、日本工业革命之父丰田佐吉创造，旨在找出公司制造过程中产生技术问题的原因。这个方法看似简单，却可以挖掘根本问题，带来意想不到的结果。具体方法是将大问题分解成一个一个的小问题。

我们可以利用同样的方法解决自己的问题。在子弹笔记中创建一个新的集子，以遇到的问题为标题，比如，我付不起房租。现在开始问自己为什么，写下答案，然后再次提问为什么，质疑你的答案，一共问自己五个问题。

我付不起房租。

1. 为什么？因为我没钱。

2. 为什么？因为租金太高。

3. 为什么？因为这是个好地方。

4. 为什么？因为我喜欢住在这里。

5. 为什么？因为这里治安好、邻里友善、商店餐馆物美价廉。

现在，我们已经把一个难题拆解为五个小问题，可以有针对性地依次解决了。更重要的是，我们挖掘出了潜在的价值。我们常常会在拆解问题时发现真正濒临失去的东西。比如在这个例子中，房租其实不是关键，关键的是“我”不想失去住在这里的幸福感和安全感。有了这两条重要的信息后，我们便知道如何制订方案了。

应对方案

清晰地列出理由之后，下一步就是弄清我们有哪些应对方案。理所当然地，我们需要创建另一份清单。你可以在“我付不起房租”这一集子的右页上写下这些方案。

如果问题是你没有钱，最先想到的应对方案可能是下面这几种。

1. 要求加薪；
2. 找一份待遇更好的工作；
3. 找一位室友分摊房租；
4. 搬去生活成本较低的地方；
5. 通过学习提升自我价值。

我们正在取得进步！每一条回答都会带着你往前走。现在，从中选出最激励你的那一项，也是“大放光芒”的那一项。

比如，你选了“通过学习提升自我价值”这一项，它便成了你的目标。翻开下一张空白页，用这个目标创建次集子（第 104 页）。把目标拆解成几个可执行的小步骤：寻找兴趣范围、寻找课程来源、报名上课等。这就是你的应对方案。每完成一项任务就好似在对战中成功击中一次提亚玛特。

生命中处处是提亚玛特的身影。它以我们的不幸、怨恨、无助为食，存在越久，就越庞大。眼神不要闪躲，直勾勾地盯着它那既硕大又可怖的双眼。在它的眼中，你会看见自己的倒影。我们面对的难题就如同镜子一般，折射出我们的脆弱、不安、弱点和恐惧。尽管问题艰巨，但不要退缩，勇敢地直视挑战、审视挑战，带着好奇面对自己的恐惧，然后你就会发现一条前进的道路。勇气会让你最终收获个人成长和专业进步，这是完全有可能的。如果你不奋勇向前，什么都得不到。

在我的例子中，我的工作就是提亚玛特。它让我心有余悸。工作内容只是无止境的单调劳动，涵盖了所有我发誓绝不会碰的事情。但是我需要生活费，我只能接受这份工作。我沉浸在痛苦中，完全忘了一条简单的真理：留得青山在，不怕没柴烧。只要还有生命，就有将来和希望。

终于，有一天我的上司又开始她的无端谩骂，我忍不住了，我受够了，我不想再受她还有我自己卑劣的品质所害，不想再自怨自艾，不想再感到无助。这些痛苦完全是我自己的，好像忍受这种可怕的境遇会让我成为高尚的殉道者。这简直荒谬可笑、幼稚无知。我只是试图忽略事实：只有我自己才能找到唯一的解决方法，其他人帮不了我。

要找到应对方法就需要设定目标。我设定的目标是找到新工作。但我发现这个目标根本无法实现，因为我并没有拿得出手的东西。因此我又设立了一个新目标：学会建立网站。

从那时起，我开始利用困难解决困难。我从微薄的工资里省下钱来报班学习，肆意辱骂的上司和毫无意义的工作激励着我再累也要到夜校学习。尽管艰难，每一堂课都像一次微小的胜利。最终，我向“提亚玛特”发起致命一击，不是用枪，而是用一封简短的辞职信，信纸还是在上次水灾中浸泡变形的。

现在，每当有事不尽如人意或者我感到工作单调乏味时，就会回想起这一次打败“提亚玛特”的经历。我现在的所有成就都源于此。这份经历迫使我学会编程，让我收获满意的职业，成了一名数字产品设计师，提供了建立 Bulletjournal.com 网站所需的知识，还让我有幸能写成此书与你们分享子弹笔记。

无力感

要么找到一条路，要么就造一条路。

——汉尼拔·巴尔卡

在“目标”这一节（第 150 页）中，我们说到要把大目标分解成一个个更小的、更容易执行的目标。但如果中途遇到困难了怎么办？可能在处理某个项目、某个目标或某段感情时你会停滞不前，失去动力，或者艰难地寻找继续向前的方法。无论是什么原因，你都会因为无力感而沮丧。该怎么办？下面是两条有用的技巧。

实践

橡皮鸭调试法

我有一个朋友的公司经营得不错，她打算再开一家分公司。选好位置以后，她就开始向银行申请贷款。但是，尽管她经营的三家公司都处于盈利状态，银行还是驳回了她的贷款申请。她失望地打电话给会计，想让他帮忙解决问题。在向会计描述问题的过程中，她逐渐意识到自己的目标不是要在某个特定的地点开设分公司，而是要扩大自己的生意。于是，她选了五个地点搭建起临时店面，比较哪个店面最能吸引顾客。这五个小店面是她完全可以凭借自己的财力负担得起的。她通过描述问题找到了解决方法。

这个过程就叫“橡皮鸭调试法”。这一方法由安德鲁·亨特（Andrew Hunt）和大卫·托马斯（David Thomas）在《程序员修炼之道》（*The Pragmatic Programmer*）一书中提出。书中讲述了一位编程大师的故事。据说这位编程大师会随身携带一只橡皮鸭，在遇到问题时，他会把代码一行一行地说给鸭子听。是的，我说的就是浴缸里的那种玩具橡皮鸭。

当我们付出努力却毫无收获时很容易失去客观判断能力。向他人（或者某个物品）阐述这一问题时，我们迫使自己变换角度，客观地看待事情，而不是陷在主观的思想深渊中。

如果身边无人聆听，你可以翻开子弹笔记，写一封信给“亲爱的鸭子”，或者其他温柔的、值得信任的、包容的对象。告诉他们：

- 你遇到的麻烦
- 出问题的地方
- 会出问题的原因
- 你尝试过的方法
- 还没尝试过的方法
- 你想要的结果

重要的是把烦心事从你脑海中剔除。解释时要耐心、细心，毕竟你倾诉的对象可不像你一样掌握事情的来龙去脉。良好的沟通可以让对方不带偏差地理解实际情况。在详细叙述事情的过程中，我可能就已经找出应对方法了。如果写信给橡皮鸭、熊猫玩偶和难用的订书机没有用（上帝保佑，这种情况别发生），我们还有其他办法……

停顿目标

如果按照顺序读到这里，你应该已经建立起目标集子了。如果在进行过程中受阻或失去动力，目标集子可以作为你强大的精神支撑。我知道我说过在目标没完成前不要回过头看这个集子，但是现在情况紧急！遇到寸步难行或者灵感全无的情况时，你通常已经完全迷失了。你可能太专注在这一问题上，反而找不到前行的路。要想重新获得客观判断，你需要暂时抽身，把注意力放到其他事情上。为此，我创造了一种方法——停顿目标（break-sprint）。

停顿目标和前文提到的冲刺目标（第 156 页）一样，都是独立的微小项目，能够帮助你走出困境。停顿目标可以按照其他标准小目标的创建方式来创建，但有细微的差别。

1. **时间不可多于两周**。虽然你需要停下来，但你不希望丢掉主项目的进展。
2. **和困扰你的项目 / 问题无关**。你和你的主项目都需要空间。停顿目标不是要你脱离主项目，而是享受一些“自我时光”。
3. **关键的一点是要有明确的结尾（以及开头和过程）**。当我们遇到困境时，无力感会抵消干劲。停顿目标的目的之一就是为你提供完成任务时那种如释重负的快感以及成就感。提醒自己这种快感和成就感可以快速唤醒动力。

停顿目标

“整理衣物”

拆解任务

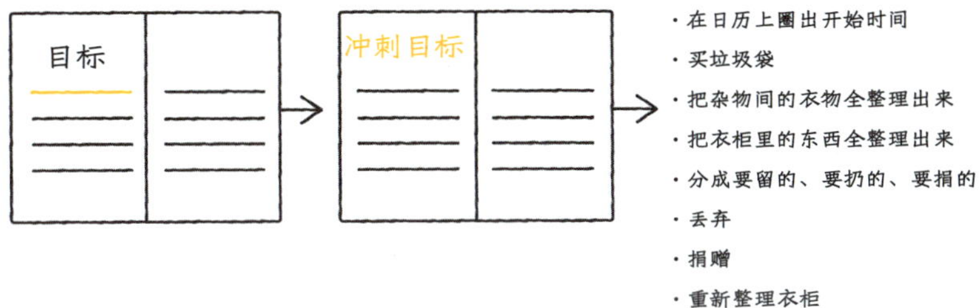

停顿目标可以是报名线上课程、写文章、整理相册、收拾衣柜、和同事一起做志愿服务，想做什么完全取决于你自己，只要确保这件事让你保持好奇便可。

通过执行停顿目标，你接触到了新事物，可以用全新的方式思考，产生之前没有过的见解。每一次新体验都能帮助我们成长，给予我们新的视角。你会与之前囿于困境中的自己稍显不同，而这点微小的不同将带来巨大的改变。

不完美

万物皆有裂痕，那是光进来的地方。

——莱昂纳德·科恩

节日庆祝活动已结束多时，平常拥挤不堪的纽约大街现在一片冷清，仿佛要进入一场大规模的冬眠，抵御即将到来的严寒光景。

那段时间我和当时的女友时有矛盾，我决定在家里安排一次浪漫的约会。我俩都很喜欢一家餐厅的红酒，虽然这家餐厅倒闭了，我还是努力找到了这种红酒。我准备的菜单里有一道菜是意大利土豆球，我此前从未尝试过，但女友喜欢这道菜，做一次又有何难呢？

结果，事实证明制作过程非常困难。每一个步骤都错得离谱，我不得不一次又一次地被打回原点，在这道菜上迷茫了许久，我的脸皱得就像面前的土豆一样。时间一分一秒过去，我逐渐变得狂躁。原本希望女友可以踏着轻柔的音乐进门看到一桌精美的烛光晚餐，现在看来都化为乌有了。

迫在眉睫之际，我终于大功告成。她下班回到家，看到桌上的土豆球，兴奋地一把扔掉手提包跳进我怀中，把带着室外冷气的脸紧紧贴在我的胸口上。过了一会儿，她抬起头，看到我的脸色不对，她脸上的笑容消失了，问我出了什么事。“没什么。”我绷着脸答道，一边抖了抖裤子上的面粉。

然后我们坐下来，她继续感叹这一切有多么美妙。但是我满脑子里都是烹饪过程中犯的错。这个没煮熟，那个太凉了……我把成品和脑中幻想的完美杰作相比较，却忘了留意她因我的举动而感到欢喜的样子，也没有注意到自己在不断懊恼本可以做得更好时，喜悦在她的脸上逐渐消失。我亲手毁了这场晚餐里最重要的一味元素：我们相聚的时光。这只是因为我想要做到完美无缺。

完美是一种违背自然的、具有破坏性的概念。我用了“违背自然”这一词来描述是因为，我可以很肯定地说，如果检查得足够仔细，这个世界上没有一样物品完全符合我们对完美的定义：没有任何一样物品是完美无瑕、没有提升空间的。就连国际千克原器“大 K”（Le Grand K）这一测量标准都不符合这一定义。1879 年，科学家为了统一重量标准，聚集在法国，使用铂铱合金制成了一个标准的圆柱形金属体“大 K”，当作“一千克”的原型，这是世界上最广为使用的计重标准，各国都以“大 K”的复制品为标准。但后来，人们发现这一“完美”的计重金属体变轻了。对一个衡量标准而言，这一问题事关重大，毕竟，一个完美的绝对标准是不应该改变的。这就是为什么我们现在使用公式和概念性的语句来描述衡量标准。

你可能会不服气地争辩道：“我的数学考试得了 100 分怎么说呢？这可是完美的成绩！”确实，你的回答是准确无误的，但是问题的设置呢？考试的目的是什么？能够很好地评估能力吗？不，考试充其量只能大致地评估能力。有许多人虽然考试成绩很好，实际动手能力却很糟，还有更多的人虽然考试成绩不好，但是实际动手能力很强。

有人会说，完美只是用来定义理想、永恒、神圣情况下的抽象概念、理论和信仰，为什么我要驳斥这种观点呢？因为追求完美常常会贬损我们发挥潜力的能力。

人类是种了不起但不完美的生物。设定难以达到的标准要求自己时最能体现这一点。我们无法达到这些错误理想目标对身心、成就和感情的要求，因此抱负常常是还没结果便在藤上枯萎了。

无法做到完美是我们产生自我厌恶的一大根源。自我厌恶是一种变味的意向，让我们费时费力却毫无进展。产生自我厌恶时，我们可能会冲动地撕碎计划书或做出一系列适得其反的举动，还会越发激烈地批评自我。

一种严重错误的观点认为不完美就代表失败。但幸运的是，生活并不是非黑即白的，凡事皆有程度。一方面，我们看到了难以达到的目标——完美；另一方面，我们看到了无法避免的现象——混乱。世界之美从来都处于平衡之中。

日本有种概念叫“wabi-sabi”，指事物之美存在于自身的不完美之中。与崇尚完美之美的西方观点相反，wabi-sabi推崇短暂无常、孤寂以及不完美，认为事物有了这些特点才显得独特、真实而美好。就如锅炉上的裂痕、歪斜的树木、石上的落叶、溅出的墨水，这些东西都有各自的美。这一概念折射出佛家哲学对智慧的思考，即认为智慧来自平和接受自身容易犯错的本质。

拥抱我们的不完美，重点在认清不完美的实质，然后不断改进。这种心态摆正了错误的地位，让错误从人们避而不及的地雷摇身一变，成为指引方向的街灯。

> Wabi-sabi 通过提倡世间万物的无常本质，把我们进步的道路打造成一条充满包容与机遇的康庄大道。

实践

练习不完美

你可能会想：我再清楚不过了，自己不过是个普通人，不需要练习如何做到不完美。但这么做的目的不是故意犯错，而是厘清对错误的应对方式。如果在冥想的过程中要设定目标的话，就以关注当下为目标。从思绪中抽身能让我们更客观地看待思绪。但是说易行难。

即便是在这方面经验丰富的人也时不时地受思绪羁绊。关键在于你要认清自己受困于思绪中，然后从中抽身。更重要的是，不要视心神游荡为一种错误，而要视其为一种机遇。因为每当你回到现实中，你就变得更加专注于当下。如此一来，你便开始带着好奇拥抱错误，而不会对错误妄加指责。

你会力求打造一本完美的笔记吗？可能你没有颜筋柳骨，也没有艺术细胞，但是，只要你自己不在意，这些都不是问题。你可以把笔记本视作不完美的证据，或者，你还可以将其视作勇气的证明。这些歪七扭八的线条描绘出的是一个积极学习、积极改变生活的励志形象。这个形象可能不完美，但是，美极了。

你是否有过犯了错或开头不顺就放弃记笔记的经历？如果有，尝试创建一份“不完美集子”。在笔记本里随意找一块你喜欢的地方，你可以用非惯用手龙飞凤舞、信笔涂鸦，想怎么写就怎么写，怎么写会让笔记本带上瑕疵就怎么写。这么做会让你的子弹笔记失去价值吗？不会。你可以说这是独一无二的一本笔记。只要你觉得自己过于执迷完美，你都要提醒自己，这不过是一个工具而已，重要的是你写下的内容。

接受自己的不完美，知道自己会失败，

我们就可以带着轻松的心情重新回到工作中。

良好的改变

实现自我提升或者个人发展难道不是为了追求完美吗？其实未必，这取决于你的目标。不要只想着追求完美或者争取出类拔萃，而要寻找机会不断提升自己。正如W.L.谢尔登（W.L.Sheldon）所言：“优于别人并不高贵，真正的高贵应该是优于过去的自己。”

要充分将wabi-sabi设为个人成长的要旨，先要了解造就它的日本文化。日本工艺的精细有着悠久的历史。无论是木匠工艺、金属锻造，还是产品包装，其精细程度都令人叹为观止。这是由于日本人把重点放在熟练技艺而非追求完美上。熟练技艺不同于追求完美，它是一个不断进行的过程，而非最终目标。过程中带着无常和不完美，最终达到熟练是不断进步和学习的结果。作家马尔科姆·格拉德韦尔（Malcom

Gladwell）引用英国精神学家丹尼尔·列维京（Daniel Levitin）的研究结果，提出著名的一万小时定律，认为一万个小时的锤炼是人们在任何领域内从平凡变成世界级大师的必要条件。日本匠人的锤炼可能长达一生。

精通技艺要求人们通过奉献和实践提升自我，摒弃追求完美这一概念。技艺没有固定不变的标准，就算是大家也可以是学徒，大家的技艺也是随着时间而进步的。他们也是一步步走来的，很有可能他们的初次尝试就跟我们一样笨拙。

每一天都问自己几个小问题，寻找进步的方法，把答案制成任务或目标，记录在子弹笔记中。每完成一项任务就得到了一段经历。追踪自己的进步，这样你就更有可能真正采取行动。

每迈出一步就是进步，无论这一步有多么微小，无论你是否在东跌西撞。重要的是，你要迈出脚步。

第 4 章

艺术创作

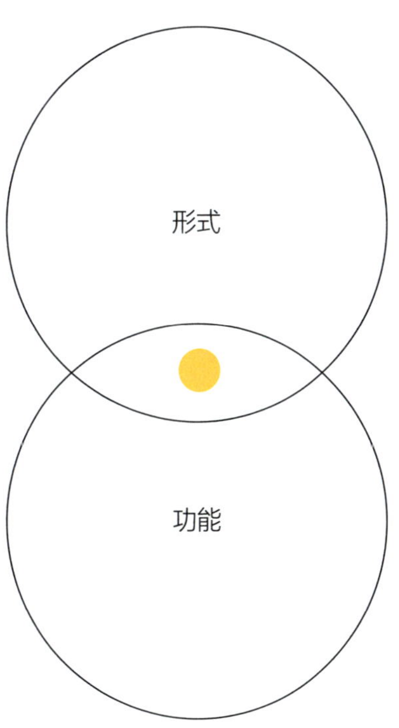

艺术创作

前一阵我报了一个学习卡波耶拉（Capoeira）的班，上课体验十分糟糕。以防读者不了解卡波耶拉，我先简单介绍一下。卡波耶拉是一种由巴西的非裔移民发展出的介于艺术与武术之间的独特舞蹈，融合了武术、柔术、跟唱、探戈的元素。在表演时，两位舞者会围绕着对方快速旋转，时而配上倒立、翻转等武术动作。你可以从现代霹雳舞和跑酷爱好者上传到 YouTube 的视频中看到多种卡波耶拉元素。总之，卡波耶拉是有些莫名其妙但又十分震撼人心的舞蹈，不是稍微动动脑筋、扭扭身子就可以做到的。

上课的地点在丛林中的飞机棚里。那天早上下着倾盆大雨，不过我还是冒雨如约而至了，结果到了班上发现只有四个人：我、另一位学员和两位面无表情的老师。老师含混不清地介绍了卡波耶拉，又问我们有没有基础，那位学员说自己在今天以前从没听说过卡波耶拉。两位死气沉沉的老师面面相觑，然后开始有气无力地演示起十分随意的舞蹈动作。我和另一位学员尴尬地站在一旁，不知该做什么。

过了一会儿，两位老师（呵，传道授业解惑的老师）终于想起来叫我们模仿动作。但是他们根本没有告诉我们任何背景知识，因此这些动作给我们的感觉只能是愚蠢可笑。对两个外行人来说，这些基础的舞蹈动作看来就像是醉汉在寻找丢到地上的钥匙。好吧，至少我的动作像这么回事。后来，快下课的时候，两位老师终于把动作串联在一起，连贯流畅地表演了一段优美的舞蹈，我们这才知道原来刚刚两个小时里学的这么多动作可以结合在一起，可以相互呼应。

这本书读到这里，我们已经学到了许多零散的碎片，可能你的感觉就像学习卡波耶拉的我一样,盯着这些方法而不知如何行动。因此，我要确保自己不会像上文中的老师一样，我要告诉你们如何把方法与实践相结合。

你可能听过这样一个说法：授人以鱼，三餐之需；授人以渔，终生之用。用在子弹笔记上，方法就是钓鱼用的鱼竿，实践就是渔线和鱼饵。你只有将这独立的两部分结合在一起才能充分领会这两部分的意图。学习设计专属于你的集子便是一种加深理解的有效方法。

设计个性化集子的过程会向你展示如何打造个性化的子弹笔记。在这一过程中，你会运用到前文提到的所有元素来规划、自省、织梦。用心组合前文的各种元素可以帮你把子弹笔记打造成各种各样实用的工具，不仅可以用来梳理混乱的局面，还可以灵活地为生活中闪耀着意义光芒的事物开辟道路。

子弹笔记适应着我不断变化的需求。正是这一特点使得子弹笔记在多年后对我仍有价值。你的子弹笔记可以满足你的任何需求。认清自己的需求，认清如何让子弹笔记发挥最大作用，即让子弹笔记满足你全部需求的一部分。而且，子弹笔记的功能会随着时间推移而不断改变。

在这一章中，我们将着手进行项目，通过考虑不同类型的内容来实践。这样一来，我们便能够利用子弹笔记的不同方法来解决难题、拆解任务、设计个性化的排版、进行深思，帮助我们整理出行动方案。

这一章的内容不会要求读者按照特定的标准制作笔记，而将重点放在我认为在制作过程中有益的方方面面。

附加说明

虽然着手制作个性化子弹笔记激动人心，但若你是子弹笔记术的初学者，我仍然建议你在还未掌握好第二章和第三章的内容前，不要轻易创建复杂的集子。我建议至少使用两至三个月基础的子弹笔记之后再尝试创作个性化的集子。能够自如使用基础方法后再开始增大难度，这一点很重要。如果你还是个初学者，那么这一章的内容旨在帮助你了解如何在熟练掌握子弹笔记的使用方法后极大地延伸笔记本的功能。

前文介绍的每种工具和技巧都可单独使用，也可结合产生作用。子弹笔记术就像包罗万象的生态系统，集各种提高效率的技巧和哲思于一体，每一种工具或技巧都会促进另一种工具或技巧的使用。在创造新工具或新技巧前，我建议读者先透彻理解现有的工具和技巧。一旦你着手进行，你就会得到更多制作个性化子弹笔记的机会，这样便能结出丰硕的果实。

关键概念

利用个性化集子延伸子弹笔记的功能

你的子弹笔记可以满足你的任何需求，找出子弹笔记如何最好地满足你所需是练习使用子弹笔记的一个部分。一份简单的指南如下……

个性化集子应当具有目的性

确保你不断更新的集子能够给你的生活带来价值。提高生产力的关键在于谨慎地投资你的时间。如果你发现自己挣扎着……

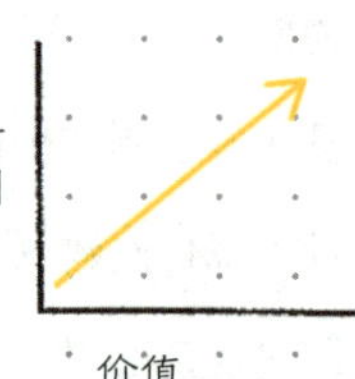

明确你的动机

在弄清如何把事情做到最好之前，要先看清你这么做的原因。

温故而知新

每份集子都是一次求知的尝试。认真研究你的集子十分重要。无论这个集子的结果是好是坏，都可以在未来为你所用。

要研究的不只是你在做的内容，还应该是你这么做的方法！

关键概念

少，却更好

功能大于形式

你的笔记本不是因为好看才有价值。
笔记本的设计应当具有某种目的，如果在兼顾造型的同时又不阻碍你行动，那才是锦上添花的好事！

VS

设计应当具有长效保质期

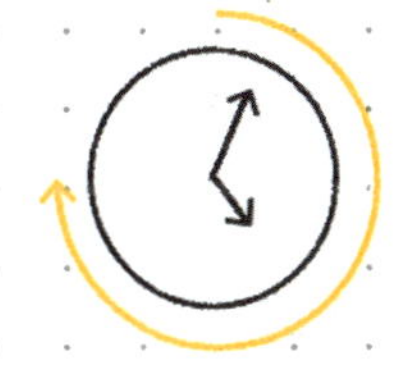

你的笔记本记录了你的生活故事。
确保你的设计不仅在当下简单易懂，过了几年再回顾时也要清楚明白。

子弹笔记社区

子弹笔记最具价值的资源便是子弹笔记社区。这里包含数不胜数的子弹笔记的实例和应用。如果你停滞不前，需要灵感启发，在你常用的社交媒体上以“子弹笔记（bulletjournal 或 bujo）”为话题进行搜索。

#bulletjournal #bujo

个性化集子

内容重于设计。缺少内容的设计不是设计，只是装饰。

——杰弗里·泽尔德曼

子弹笔记的四种核心集子（索引、未来记录、月度记录、每日记录）能满足你大部分的需求。但是，子弹笔记术遵循的原则是——世上没有通用的方法。如果你要追踪记录的事情在本书中找不到记录方法该怎么办？这时，个性化集子的作用就显现了。

个性化集子的设计意图就是满足特定的需求。

这项需求既可以是简单的购物清单，也可以是复杂的长期项目。创建个性化集子是子弹笔记里一项令人愉悦的实践，它不仅富有创造性，还能让你有所收获——因为你是在帮助自己解决难题！

每日记录可以记录一日之中的各种内容，但个性化集子与之不同，它应当有一个特定的目的，避免记录各种无关的事情。我自己就有过这种经历。我曾经创建了一个“杂物”集子，记录我追的电视剧、我去过的餐馆还有其他琐事。用集子记录你正在做的事情并没有错，但是你记录的信息应当是对你有帮助的。有抱负的电影制片人可以记录自己看过的电影用来学习：我是不是太过沉浸于恐怖片而没有关注喜剧片呢？无法坚持锻炼的人可以记录健身数据和阶段性的健身成果，以此记录进步、鼓励进步，还可以发现信念动摇的时间点（假期？每月一次的扑克牌之夜？相亲又一次失败之后？）。相反，我的杂物集子存在意义的时间有限，因为其中的内容根本不会引发任何思考。

如果集子中的信息没有可借鉴之处，这个集子就没有意义，很有可能你就没有动力继续记录。不要把时间浪费在照料不会给生命带来价值的集子上。

个性化集子的三大来源

1. 目标

目标十分重要，因为目标（应当）带有意义，能够带来方向和目的。但目标往往复杂费力，涉及多个部分。个性化集子能够帮助我们将目标拆解成各个元素，供我们依次解决。

2. 难题

有没有什么事总让你愤怒焦虑、不知所措或批评自己？一旦找到，创建一个针对这个难题的集子十分有助于解决问题。你可以利用个性化集子收集想法、厘清思路，然后专注地制订解决方案并记录你的进步。

3. 任务

许多集子最开始都只是一项简单的任务，比如“• 假期计划！”。在进行每日反思（第 134 页）时，你可能会发现这些任务还能细分成许多其他任务。比如“假期计划”就包含了多个部分。只是简单地列作一项任务可能会让你感到不知所措，这样就有了引发拖延和焦虑的风险。制订假期计划应该让人兴奋，而不应让人恐惧。下面我们会以此为例，展示如何创建个性化集子。

说起安排假期，我想顺便提醒一句。研究表明，期待诸如旅游等有趣的事情可以有效提升幸福感。计划旅行要比旅行本身更能带来动力与愉悦。当我们处在艰难岁月时尤为如此。在安排假期时，我们就开始朝着发出光芒的事物前进了，准备在抵达时沐浴在它的光辉中。

第一步

我们从创建第一个个性化集子开始。翻开空白的左、右两页，在顶部写上项目标题：“夏威夷旅行”。夏威夷听起来要比布鲁克林更有吸引力，因为我写到这里时，布鲁克林仍处在冰天雪地和北风呼啸之中，即使是开春第一天也是如此光景。

头脑风暴

在开始任意一个项目前，我都喜欢把集子的前几页用来进行头脑风暴。书写形式并不重要，可以是单词、图片、思维导图等。这两页的目的是帮助你卸下脑中装着的想法，兴奋起来，看看能够通过自由联想写下什么想法。

但有时我们在日常生活中过于僵化（无论是行事还是思考），很难进行天马行空的想象，不知该从何开始。如果你也有这种情况，继续往下寻找解决方法。

审视动机

无论是写书、整理地下室还是计划假期，为项目创建集子前审视动机都是一个良好的开端。我们为什么要进行这个项目？是为了获得更多和家人相处的时光吗？是想要通过冲浪或林中漫步放松身心吗？无论动机是什么都没有关系，发问只是为了挖掘动机背后的原因。

为什么寻找动机背后的原因至关重要呢？动机不是凭空产生的，它源于我们的痛苦、沮丧或欲望。无论原因是什么，我们都必须让它显露出来，以便确保自己努力的方向没有出错。通过辨别真实动机，我们增强了行动可能带来的潜在影响。

换言之，理解自己为什么

迫切地想要这么做会更好地定义该怎么做。

正如前文所述，我们认清意向的第一次机会出现在我们静下心来思考标题之际，因为标题要求我们捕捉这一项目的核心要义。但有些时候我们还需要补充一些细节。比如，我们可以添加一段简短的任务描述，定义我们为什么做某件事，我们希望从中获得什么，以及我们

通过什么方式进行。你可以使用以下模板：

我想 _____（什么收获），**这样我就可以** _____（通过什么方式），_____（为了什么）。

打个比方：

我想旅行，这样我就可以远离办公室，得到放松。

上述的例子没有严重的问题，稍稍留意之后，你会发现这一例子会帮助你发现旅行和对你而言意义重大的事之间的联系。毕竟，远离办公室的方法不是只有旅行这一种。这次旅行真正打动你的地方在哪里？我们可以使用五问法（第 208 页）帮助自己进行更深入的思考。

1. 为什么你想要旅行？因为想放松。
2. 为什么？因为工作压力太大，我心情很低落。
3. 为什么？因为每天都没有新意，我有点寂寞。
4. 为什么？因为我的生活围绕着自己的小房间打转，我没机会去看望关心的人。
5. 为什么？因为我没有在这上面花时间。

现在，我们已经确认了痛点，可以对症下药了。我们先看看五问法揭示出的几个要点：约束、乏味、沮丧、寂寞、内疚。这几点有可能就是动机的出处。那么此次旅行的目的就可能是通过体验相反的方面，比如自由、激情、乐趣、人际交往、自豪感——来缓解这些问题。重新调整上述任务并描述如下：

“我想旅行，这样我就可以和自己关心的人（交际）探索热带风光（自由和激情）收获快乐（乐趣），提醒自己工作的意义（自豪感）。”

这个简单的练习不仅能帮助我们认清这一趟旅行的要点，还给予我们反思的素材，供我们在旅行归来后静下心来思考。这一技巧还可运用于其他方面。比如：

“我想要写本书，这样我就可以分享自己切身体会到的有价值的生活道理，来教会读者如何掌握更多的生活主动权。”

或者：

“我想去护士学校，这样我就可以学习如何治病止疼，帮助患者。”

你可以充分发挥自己的创造力，但要确保描述的内容能够让你深入探究自己的动机，挖掘在这次体验中价值匪浅的知识。在项目如火如荼地开展起来后，任务描述便能够提醒你事情的主次轻重，像指南针一样在必要时帮助你指明方向。

写下任务描述的另一大好处是可以“唤醒纸张”（wake the page）。这是我自创的术语，用来表示首次在笔记本上进行记录。在这段时间里，思想通过笔尖从内心世界走向外部世界，我们给思想带来生气。万事开头难，还有什么比用自己喜欢的事情来“唤醒纸张”更为妥帖的呢？但是不要过度思考，只需要记录下自己的想法。这张纸不是刻板的契约，而是一种仁慈的方式，轻轻推动你迈过起点。

设计

完美的设计不是无须添加内容，而是无可删减。

——安东尼·德·圣–埃克苏佩里

如果你在网上搜过子弹笔记,看到的可能是许多复杂精美的设计，这些设计或许会激励一些人，但也会让更多人望而却步。人们认为自己没有艺术细胞，字迹歪七扭八，会因此被子弹笔记拒之门外。请放下这些顾虑。子弹笔记里重要的只有内容，而不是形式。如果你能兼顾二者，我也十分欢迎，这是十分了不起的。但其实，子弹笔记唯一要求的绘画功底只是画直线的能力而已。如果你会画直线，你就能够制作子弹笔记。正如子弹笔记使用者蒂莫西·柯林森所言："我的子弹笔记应该是你能想到的样式中最简单的，因为我既不是艺术家，也根本写不出一手好看的字。但是，我可以很诚恳地说，这本笔记给我的生活带来了天翻地覆的改变。"

对集子进行设计，意图在于最大限度地实现子弹笔记的功能性、可读性和可持续性。在这一节中，我将详细讲述上述三个特点，分享心得体会，也许在你设计自己的集子时会派上用场。

功能性

德国著名工业设计师迪特·拉姆斯（Dieter Rams）的诸多设计，如收音机、剃刀，还有许许多多其他家用产品都体现了他的设计理念：wenniger aber besser（甚至有传言说原版 iPod 的设计灵感就来源于此）。这条理念大致可以翻译成“少，却更好”。这也是子弹笔记遵循的一大原则，这一点从子弹笔记的设计中可以看出。绝对不能因为注重形式而忽略功能。精简设计，去粗取精，这样你就会把注意力完全投入在有意义的核心内容上。如果你认为装饰笔记本是保持干劲和效率的关键，那么在笔记本上保留装饰也无妨。记住，集子是帮助你实现目标的工具，而不是拦路石。

集子的功能应当永远大于形式，

集子如何帮助你实现潜在目标才是至关重要的。

“少，却更好”不仅是对模板而言，也是对记录的内容而言，如体重、时间、距离、姓名、事件等都不要记得过多。比如，有一种集子是习惯养成集子，这个集子的设计意图就是帮助使用者记录习惯的培养过程。要培养的习惯可以是阅读、冥想、锻炼，甚至是多饮水。刚开始时我们有很大的进步空间，因此很容易产生过度的热情，想要一口吃成胖子。但是贪多嚼不烂，这只会让我们不堪重负、失去动力。不要同时进行多种习惯记录，这需要花费大把的时间去维护，失败的风险很高。只要记录你当下最感兴趣的习惯即可。要

懂筛选、够果决。正如拉姆斯先生推崇的：从少开始，做得更好。增添细枝末节的时间总是不嫌晚，但你的子弹笔记应当先专注在优先事项上。

集子的另一种功能性体现在时效上。精心设计的集子即使在达成制作目的后还能够长久保持有效。我的很多集子虽能满足当下之用，但当我过段时间回顾时，我根本无法记起当时的思路。要想让子弹笔记长久有效，你设计的模板应当连陌生人都能轻易理解。不过，需要澄清的一点是，我并不是在建议你同他人分享自己的笔记！只是未来的我们也许会想要重新利用起曾经行之有效的集子，因此，尽可能写得简单易懂，这样未来的我们才能记起当时这份集子是如何起作用又是为何能起作用的。

集子不仅应在当下对你有益，

还应在回顾时对你有益。

每次循环利用模板时都应当进行一番仔细检验。想一想什么有效、什么无效，能通过什么小事进行改进。保持模板精简能够更容易看到提升功能的机会。制作的集子务必保持简单，保持明确，保持前后贴切。

可读性

字迹是一种独特的自我表达方式，常常反映出我们内心的状态。

心情愉悦时，字迹会充满感情，带着压力时，字迹会变得凌乱，有时甚至难以辨认。也许在刚开始时不会有什么了不起的改变，我们会想当然地认为上天安排好了一切，但是，只要我们多用心一点，即使是字迹这种积习，也可以得到极大改善。

如果你的笔记难以辨认，尝试选用另一种字体和（或）书写工具吧。你可能会惊叹，即使是最微小的改变也会让你的字迹发生变化。比如，我发现用细线笔和大写字母书写可以解决两个问题。一是这么写要求我细心勾勒字母形状，二是这么写迫使我斟酌选词，尽量简洁书写。虽然刚开始时十分笨拙，但是最终，这个有意识的改变拯救了许多原本会埋没在我的狂草之下的好主意。

利用这个借口踏入笔墨的世界之中吧。这里满是典雅、传统与历史，蕴含着千百年来素笺墨韵的知识。从钢笔到签字笔，有许多东西等着你去探索。你很有可能会找到帮助你改善字迹的方法，或者，至少可以让你懂得欣赏书法。只是要注意一点，不要为了寻找完美的纸笔而阻碍了写作。笔不是魔法棒，它只是一种工具。是你给笔记带来了魔法。

可读性不仅体现在我们所写的内容上，还体现在我们留白的部分。法国音乐家克劳德·德彪西（Claude Debussy）曾说音乐在音符与音符之间。在平面设计中，这种设计手段被称作留白。这不是为了事后考虑，而是一种深思熟虑后形成的元素，用以增强专注度、结构感以及清晰度。给你的子弹笔记设计留下一点空白。为了使模板保持可读性，应当避免排版拥挤。利用尺子为文本、表格或清单画出特定的空间。有时候这样一页可记录的内容会变少，但是无妨，这么做可以提升可读性和理解力，并且增强我们的理智。因为我们只为重要的内容腾出空间。

可持续性

更新集子费时费力，因此确认是否值得这么做至关重要。到目前为止，我们提及的每一份集子都可以用来解决一个特定的难题。比如，索引（第 101 页）可以定位事项，月度记录（第 94 页）可供使用者一览本月的事项与时间安排。这些集子的用途得到了反复的证明，因此它们很容易得到关注从而得到更新。

你要确保更新集子不会成为一桩琐事。大多数无法坚持记录子弹笔记的人都花了太多时间在装饰书页上。装饰本身并没有错，但若因为装饰而阻碍了进展，那就不妥了。因为这意味着，你感觉付出与努力已经不成正比了。如果是这种情况，你就需要精简你的装饰。

好消息是，在进行月度迁移或年度迁移时（第 111 页）我们会自然地摒弃不可持续的集子。如果这个集子一直没有得到更新，你就会看出这个集子并没有给你的生活带来多少价值，因此放弃这个集子也无妨。这不是失败，而是一次珍贵的教训，可以运用于将来的模板设计中。你需要了解什么样的模板无法起作用，才能设计出能够起作用的模板。不要让沮丧或失望的情绪夺走你获得这种体验的机会。

子弹笔记的一大关键就是学会发现兴趣点。在迁移过程中评估集子内容可以快速揭示出哪些事情可以真正抓住你的注意力，而哪些事情让你费力劳心。通过观察更新集子的频率，你可以得到颇多收获。

这不仅体现在行动上，还体现在思想上。随着时间的推移，你会认准某些思维方式，而这些方式能够帮助你清晰、专注地思考，并让你收获有意义的进步。你不仅会更加清楚自己在做的内容，还会更清楚自己这么做的方式。子弹笔记就是这样帮你了解如何设计能够给你带来持续改善的工具。

计划

没有计划的人就是在计划失败！

——本杰明·富兰克林

你无法通过制订计划摆脱失败，但你可以在投入项目前做一些小事来提升成功概率。无论是计划去夏威夷旅行、重新发布网站还是做展示，如果你能够在弄清如何制订行动方案前暂时停下来，定义参照标准以及变量，你就能够充分利用好自己的时间和资源。

专业厨师在烹饪前会准备好所需的食材，并且将其摆放整齐。蔬菜切好、配菜备好、炊具擦净，这一行为在法语中被称作“mise en place”，意思是“准备就位”。此举能够帮助厨师把注意力放在真正重要的烹饪上。对你的子弹笔记而言，你便是厨师。

集子，就像厨师手下的菜肴，是各种食材的总和。为了设计出一份充满意义的集子，你需要定义什么才是你需要的“食材”。根据事项的不同，“食材”也采取了不同的形式，如会议、体重、距离等，其中蕴含着各自的价值。你的集子就将清晰地储存下这些价值。

以“夏威夷旅行”集子为例。我们在进行头脑风暴的过程中，会识别到多种多样的信息——或者，如果你喜欢的话也可以称其为食材——这些信息都需要你分类归位。我们通过问自己一些小问题完成这一步，比如：我想去哪里？我想做什么？我想什么时候去？我的预算是多少？我们可以略微改动这些问题来决定目的地、活动、时间、预算等。在头脑风暴页之后紧跟着列出这些分类以及你考虑到的问题，随后就可以开始设计这一项目的框架（第 249 页）了。

现在，我们列出了所有需要考虑的事情，可以看出，这个项目要求我们解决几大问题，如目的地、预算、行程。下面让我们将这些问题分解为独立的次集子进行项目规划。

事先研究

每项任务都充满未知，但是提前做好功课可以帮助你克服任何事情中最具挑战性的阶段：开始。首先，做功课可以让你熟悉内容，帮助你轻松进入项目状态。准备得越充分，便越胸有成竹。这是众人皆知的道理。不过大有人在一开始时就用夸张的言行大肆昭告天下自己要做的项目，但其实对项目根本不了解。这番努力也许值得嘉奖，但是这种努力可能是昙花一现的，很快会屈从于一些本来可以完全避免的问题。

比如，你想成为一位素食主义者。经过一系列研究规划后，你便知道要在冰箱里存放什么食物，如何准备一周的美味佳肴来开始你的素食生活。这样你就不会在某天早上醒来时发现冰箱是空的，只能饿着肚子，或者只能带着满满的沮丧、失落和压力，一边风卷残云地吞下一块墨西哥牛肉卷，一边心怀愧疚。我们在上文讨论过，压力会快速打压我们的干劲和激情，我们可以通过提前安排来减缓压力。

夏威夷之旅

任务描述

“我想要去夏威夷，这样我就可以和自己关心的人一起探索热带风光，收获快乐，提醒自己工作的意义。”

目的地

- 我想去夏威夷的哪些景点？

活动

- 我想做什么？
- 我的旅伴想做什么？

时间

- 空闲的假期时间
- 航班时间
- 当地交通耗时
- 活动时长

预算

- 机票
- 租车
- 住宿
- 汽油
- 伙食
- 活动

另外，也不要研究得太过深入。虽然这个过程不仅有趣还能有所收获，但是对一些人而言，这个过程可能会阻碍他们开始行动。研究的时间越长，得到的选择就越多，压力也就越大。我们要避免这种糟糕的“分析瘫痪”（analysis paralysis）现象。我们需要研究，但我们也需要进步。如何在这二者中达到平衡呢？这时，时间箱管理法（第176页）便能发挥作用了。

时间箱将为各个研究阶段设定起点和终点，提供进行研究所需的时间段。有些人喜欢在研究过程中设定时间，帮助他们集中注意力，避免陷入互联网的黑洞。

当你在确定研究时间时，也要注意限定研究阶段的数量。比如，在计划夏威夷之旅时，第一步应当是从各个岛屿中确定你心仪的小岛。每一个小岛都蕴含着很多新奇好玩的事物等你去探索。为了避免把研究变成一种分散注意力的行为，你需要限定研究时间，仅为每个岛屿留出30分钟，并将其记录在日程上。如果你还需要一些时间也无妨，只是要记得限定研究时长，这样你的研究才不会无尽拖沓。

第一阶段研究的内容应当和创建“目的地”次集子有关。在第一页中，我们会列出所有从旅游攻略中看到的岛屿。接下来每一页专注研究一个岛屿，分别列出在这个岛屿上能够进行的娱乐活动。是攀登火山、海上冲浪，还是村庄漫步？暂时先不要想如何实现，比如：我的钱够吗？我要怎么去？我要住在哪儿？我们会慢慢处理这些问题。现在，先确定旅行的原因，这才是任务描述的重中之重。

还记得上文提到的卡波耶拉舞老师指导的动作吗？由于缺乏联系，我们看得一头雾水。不进行规划就采取行动也是一样。如果没有计划便开始行动，往往白费时间与精力，最后常常以失败收场。我当然明白我们举的例子“不过”是一场旅行，但即使是旅行也需要我们投入宝贵的时间、精力，还有血汗钱。我们为何不物尽其用呢？

清单

旅行项目中涉及多种数据，如日期、时间、开销等，我们可以为每一种数据量身定做模板，以便发挥出最大的实用性。比如，预算和行程安排的用途完全不同，为何要使用相同的排版方式呢？

最基础的一种模板就是清单。清单可以有效便捷地整理内容，也易于制作。清单上的条目简明扼要，我们浏览时能够快速捕捉信息。鲜有设计模板能够做到这一点，这便是为什么子弹笔记将清单作为核心设计模板。

让我们回顾一下我们在做夏威夷岛莫纳克亚山的攻略时发现的趣味活动（第 248 页）。在理想世界里，我们有时间充分享受清单上的每一件事，但是现实世界里的情况并非如此。清单很快就会过载。因此在本节中，我们将探讨一些管理清单的快捷方法，使清单更有针对性且更易管理。

莫纳克亚山

* 翡翠池

熔岩地带

* 火山林

野生魟鱼海滩

* 夜市

Moonoa 瑜伽学校

~~黑沙海滩~~

绿沙海滩

海龟海滩

火山海滩

分清主次

在拟写清单时——就好比上文的旅行清单——我们不过是在收集数据，收集这些数据，有些是因为有趣，有些是因为重要。只要这张清单有目的，那么我们投身于收集信息就无妨。一旦制作完成之后，我们就该退后一步进行反思。哪些项目让你兴奋？哪些没有？用你心中的天平衡量清单里的每一个事项，在你感想最强烈或者最具时效性的项目前标上“*”这一特殊符号以示优先,把你觉得无聊的项目画掉，到夏威夷可不是为了过平淡无奇的生活。

最后，在排列优先顺序时还应该考虑人情味。在这个例子中，如果你有旅伴，那么你最好考虑一下同伴的过敏史和喜恶等因素。这并不意味着要你牺牲自己的兴趣，但这么做可以迅速地为你做出选择。比如，你可能会在黑沙海滩和绿沙海滩之间纠结，但如果其他人都见过黑沙海滩了呢？那就去绿沙海滩吧！

背景信息

在上述的清单中,你会看到所有在夏威夷旅程中刺激好玩的项目。这是一个好的开始。但是这张清单并没有真正向我们提供太多背景信息。就好比在餐馆里点餐，菜单上的每一道菜都让人垂涎欲滴，但是在了解了价格、原料以及热量后，我们会迅速缩小点餐的范围。背景信息可以帮助我们分清主次。因此，在清单中增加诸如地点、时间、成本等参考元素可以加速你做出选择的过程。

我增添了一个时间栏（T），这样我就不会在到了某个地方以后才发现店主关了门，只是因为店主的理智告诉他，周三不应该上班。我可亲身遭遇过这种情况。标出起止时间能够为你在规划时提供一定的背景信息。

我在地点栏（L）中用“N”代表北，“S”代表南，“E”代表东，“W”代表西，“C”代表中央，标注出各个景点大致的位置以及相互之间的距离，以便节省交通时间、安排住宿（我不知道你的偏好是什么，但我个人喜欢在路途上少花时间）。标注地点还有一个好处，即可在原计划行不通时去附近的备选景点游玩。

成本栏（$）的作用顾名思义。它能帮助我们在确定预算范围后缩减活动数量。但要说明的一点是，价格高并不代表要被画去，这不过是我们后续用于选择的参考信息。

清单上的大多数选项可能因为有趣而被保留着，这并无大碍。随着我们进一步的规划，我们会再次回顾这份清单，带着从后续其他集子中获得的新见解筛选出真正值得参观的地方。如同其他所有核心集子一样，不同的个性化集子也可以相辅相成。为了更清晰地理解这一点，一起看看下方所示的行程集子和预算集子。

莫纳克亚山		T	L	$
*	翡翠池	周三 / 9–4	N	124
	熔岩地带	周三 / 11–6	S	65
*	火山林	多次	W	32
	野生魟鱼海滩		NE	10/小时
	乌龟海岸	周一、二 / 8–4	W	
*	夜市		SW	
	Moonoa 瑜伽学校		W	
	~~黑沙海滩~~		E	
	绿沙海滩		NW	
	租冲浪板		W	
	租冲浪板 2		W	

行程

对任何项目而言时间规划都至关重要，对旅游而言也是如此（对旅游而言其实尤为如此！）。所以，既然活动已经安排就绪了，那下一步就开始考虑时间吧。我们需要创建一个类似于旅游行程的集子。如果你曾经制订过类似的安排，重温一番，研究如何将过去的设计和经验为现在所用。

你学到了什么？你是不是常常太过乐观，在一天中安排了太多事情？会不会因此压力如山、筋疲力尽？或者攻略做得不充分，发现自己错过了博物馆的展览？没有抽空预订餐厅，被服务员冷冰冰地告知几周前位置就订满了？或者根本就没有为美好的一日游安排时间？回顾过去的目的不在于让你沉溺于过去，而是温故而知新，提升获得更好体验的可能。问问自己这一次你会做出什么不同呢？

首先，确定好出发时间。做任何事都不会有一个完美的时机，但是不要以此为借口，而要立足实际。你一定会希望多玩几天。如果你是个朝九晚五的上班族，最佳的时机就是利用法定节假日出行，这样就能尽量减少扣薪休假的时长。

确认了出行日期后，我们就可以着手设计相应的行程模板了。在设计这个集子时，我罕见地既使用了水笔又使用了铅笔，因为这个集子涉及多次选择，而且很有可能你会在旅行过程中不断更新这个集子。记住，在设计模板时一定要考虑用途。如果你设计的集子用于排列事件或活动的顺序，那么你选用的工具必须要带有适当的灵活性。

1. 我的模板考虑了地点、时间、事件（第 254 页）这几点。第一栏解决地点问题。因为我们要在各个岛屿间穿行，因此知道自己每天的位置至关重要。在这一模板中，第一栏交代了机场代码以及相关次集子所在的页码，利用引线法连接了次集子中的目的地，以便在遇到困难时快速找到备选方案。竖向排列的意图在于增添视觉障碍，我们添加上日期后会更方便阅读。你会注意到，地址栏打破了以日区分的障碍，这么做可以强调地点的转换，各个地点的旅行日期更一目了然。另外，地址栏画到了第二天，大致提示了第二天的航班时间。

2. 第二栏是时间栏，按时间先后顺序从上往下排列。为了提高可读性，日期和星期下方留出了更多空间，方便浏览。

3. 时间和地点都确定好之后，就可以添加活动了。单元格里的事情按时间顺序依次往下排列。某些活动需要提前预约，因此活动前面的空白处写上了时间。这样我们就可以相应地填充进“目的地”次集子中的其他活动。

如果你只是想要随便走走，这个模板对你而言会显得十分复杂。所以，我要再次提醒，这个模板仅供简单参考，让你懂得在制作集子时需要考虑哪些因素。虽然旅行是自己的，但是在制订自己的行程前看看他人的安排也未尝不可。

夏威夷行程

地点	日期	时间	安排
HNL / 11	25 二	9:00	入住 @ 珊瑚酒店
			城镇和沙滩
		15:00	瑜伽课
		19:30	晚餐 @ 朗姆餐吧
	26 三	11:30	退房
		16:00	飞往莫纳克亚山
MUE / 12		17:30	卡波耶拉课
		20:00—22:00	潜水
	27 四		翡翠海滩日！
		15:00	冲浪课
		19:30	晚餐 @ 秘密花园餐厅
	28 五	9:00	瑜伽课
			熔岩地带
		15:00	晚餐 @ 冲浪屋餐厅
		19:30	夜市
	29 六	9:00	退房
		11:00	飞往火奴鲁鲁机场
HNL/11		19:30	晚餐 @ 科纳寿司
	30 日	9:00	退房
		11:00	乘机回家
		15:00	晚餐 @ 吉米家餐厅

1 2 3

追踪记录

你无法管理自己无法衡量的事物。

——彼得·德鲁克

个性化集子中十分常见的一种是追踪记录，这种记录样式繁多，超乎想象。有的子弹笔记使用者画了一个书架，里面画着自己读过的书，还有的读者画了爆米花，记录看过的每一场电影。虽然使用者在这些集子上倾注了个性和新奇的想法，但追踪记录的成功之处其实不在于此，而在于记录朝着特定目标前进过程中的进步。

追踪记录最能体现大目标如何拆解为可执行的小步骤，让原本吓人的任务变得更易于掌握，还能让我们对自己保持坦诚。我们的记忆与实情常常会有出入，这里可以供你客观记录进步，帮你跟踪执行。

还是以夏威夷旅行为例，创建一个简单的预算记录表不仅将我们的优先事项都集中在了一张纸上，我们能够清晰地看出这趟旅行的成本。还能让我们看见为了负担这笔开销自己付出的努力。

下图是一个简单的例子。这份追踪记录表分为三大栏。第一栏为活动项目，第二栏为各项活动的成本总额及每月要存下的费用。第三栏是记录栏，这一栏中显示了究竟需要花几个月时间为旅行存款。通过这种方式，我可以清晰迅速地了解到每个月我需要攒下多少存款，同时还能够记录自己的进展。如果某个月我没有存到应达的数额，我就会在相应的单元格中标明。这样一来，我就可以在必要时快速达到收支平衡。

记录表的最后一行记录了总额。你会发现我在右侧又一次写上了月份。因为这样我能够轻易地定位。当我这个月的存款数额达到目标时，我会画上一个“+”，没有达到则画上“-”。

这种排版方式细致地考虑了这趟旅行的开销，留出了犯错的余地。要知道，很有可能事情来了，你这个月却没有多余的现金。如果全把事情记在脑中，你很容易就会对进展或不足失去全局的把握，但有了追踪记录，你就能清晰地看到自己离目标还有多远。

利用集子构成背景信息

专用记录表同每日记录一同使用能提供更多背景信息，前者供你衡量进展，后者可激发想法。我没去健身房是因为我懒惰、生病还是心情不好？是什么情况让我取得进步或阻止我进步？虽然取得进步令人向往，但不能局限于此。只关注结果会忽视在过程中浮现出的有价值的信息。追踪记录的关键不仅在于取得进步，还在于培养自我意识。

要获得进步，你需要了解自己的努力能取得什么效果。某件事能否奏效，不仅要*知其然*，更要*知其所以然*。减掉 10 斤确实很棒，但是知道这只关乎饮食、与运动无关更有价值。虽然事物间的关联性并不总是显而易见的，但只要持续记录，就一定能找到内在的联系，其间的因果关系才至关重要。我们了解得越多，行动就越有效，进步就越大。

夏威夷预算

开支	总费用/月数	4	5	6	7	8	9	10	11
去夏威夷的机票	1200/150	×	×	×	×	×	×	50	×
去莫纳克亚山的机票	120/15	15	×	×	×	×	×	×	×
去莫纳克亚山的机票	140/17	×	18	×	×	×	×	×	×
在火奴鲁鲁的住宿	360/45	×	×	×	×	×	×	×	×
在莫纳克亚山的住宿	235/29	30	×	×	×	×	×	×	×
冲浪课	100/13	×	×	×	×	×	×	×	×
熔岩地带	25/3	×	×	×	×	×	×	×	×
与鳗鳐鱼水下共舞	100/13	×	×	45	×	×	×	×	×
食物预算	350/44	×	44	×	×	×	×	×	×
汽油	100/13	×	×	×	×	×	×	×	×
杂费	500/62	×	×	×	×	65	×	×	×
全部费用	3230/404	4	5	6	7	8	9	10	11
	+						217		50
	−	45	62	45	0	65	0	50	0

个性化调整

尽管个性化集子有助于子弹笔记反映你无限的多样性，但重要的是要记住，我们并不需要为生活中的每一场新冒险都发明一套新的行动方案。通常，核心集子经过适当的个性化调整以后就能够满足所需。

比方说，可能你在家使用的每日记录还处在工作模式，主要关注如何捕捉任务、管理责任。但是当你出门旅行时，你就进入了度假模式，不会再利用这种以任务为主的每日记录模板了，至少，你不应该这样，因为你在度假！旅行会打破日常规律，让我们接触到新鲜事，我们很难不去顾及冒出的各种各样的想法。一种冷静下来的方式就是把这些想法都写下来，从而从大脑中剥离。

长篇笔记

长篇笔记的好处不是空口无凭的，它体现在减压和缓解焦虑上。如果你正在阅读本书，那么你之前可能也涉猎过其他更加传统的笔记形式，可能是抒情文章也可能是晨间随笔，甚至也许你仍保持着写这种笔记的习惯。常常有人问我如何把长篇笔记与子弹笔记相结合，因

12.20 一

- ○ 去绿沙海滩
- – 空中战机表演
- ○ 瑜伽课
  - – 完全走样了
  - – 感到压力很大
- + 琳达要更自信一点
- • 在拉兹洛餐厅预订
- • 多买点防晒霜

琳达

我观察到琳达近来对自己很严苛，就算她获得了晋升、与新搭档相处得不错，就算事情在往对她有利的方向发展，她也仍不放松，工作起来似乎比以前更卖力。她是要赚取好运吗？还是感觉自己的成功不是理所应得的？不管是什么原因，我担心她会筋疲力尽，担心不是所有事情都能如她所愿。她也曾经努力地“享受当下”，但她现在只是一味往前冲，根本没有停下脚步欣赏自己在这一年里的进步。

12.21 二

- ○ 看见了海豚
- – 晒伤了
- • 找时间和琳达聊聊
- • 约车逛夜市

可以根据适合写长篇笔记的事项尽情创建长篇笔记

此接下来，我们一同来了解如何对每日记录进行个性化调整，使其既能快速捕捉思想，又能方便长篇笔记的书写。

无论你是身处酒店还是沙滩，利用每日反思回顾子弹笔记时，都可以用长篇笔记的形式匆匆记下重大的、有趣的或严肃的想法，就像写下其他笔记一样。但是，这不是普通的笔记，不是吗？这种笔记会分散你的注意力。记录这种笔记需要耗费更多的时间和注意力，需要仔细思考、认真检查。如果你遇到了这种情况，你要做的只是把笔记型短句前的“-”符号变成“+”。现在你就可以快速浏览笔记，找出需要你花费时间认真书写的部分了。动笔之前多思考，这毕竟是子弹笔记的要义。不要有压力，这一部分无须变成你的日常生活，只要知道，这个工具可以在你需要的时候帮助到你。

习惯养成

还有一种个性化修改方式是把习惯养成记录添加进月度记录里。这种简单的操作方法可以很容易地监测试图培养或改掉的习惯。比如说，我想要记录我每月烹饪、阅读、健身的次数，我就会在日期下方添加关键字（第 261 页）：烹 = 烹饪，读 = 阅读，健 = 健身（这么做的目的是让未来的我在回顾笔记时能够理解我当时记录的内容）。在页面右侧，分别以烹、读、健为主题建立了三纵列。记住，这三栏的行数应当与本月的日期相当，这样就能以现有的月度记录为基础进行改动，将任务子弹填入单元格中，成功完成一项以后就可以画上“×”。这张记录表清晰地记录下了本月自己有多勤奋。我们又一次看到，即

1 月

			烹	阅	健
1	一		×	×	×
2	二		×	×	×
3	三	和萨姆喝酒	×	×	×
4	四	提交迈特公司的展示	×	×	•
5	五		•	×	•
6	六		•	×	×
7	日	樱花公司会议	×	×	×
8	一		×	•	×
9	二	莉萨的生日	×	×	×
10	三		×	×	×
11	四	认识马伽术	•	×	•
12	五		•	×	•
13	六	和团队喝酒	×	×	×
14	日		×	×	×
15	一		•	×	×
16	二	人工智能讲座	×	×	×
17	三	健身单车课	×	×	×
18	四		×	×	•
19	五	和达比吃拉面@一兰餐厅	×	×	•
20	六	和尼克拉斯看电影	×	•	×
21	日		×	×	×
22	一		•	×	•
23	二	蒂姆的生日	•	×	×
24	三		×	×	×
25	四	赢得游戏皮肤	×	•	•
26	五		×	×	•

烹 烹饪
阅 阅读
健 健身

记住增加关键词，否则你过后可能会忘记自己追踪记录的内容。

使是增添一点点内容，也能够极大提升子弹笔记的功能。

有些使用者会在每日记录中增添天气情况，还有的人会增添他人的肯定。你可以尽情改动我在前文中展示的各种模板，正如我们一向所倡导的，做对你有帮助的事。不过要澄清的一点是，我并不推荐完全随心所欲！要反复确认修改的内容确有帮助。记住，少，却更好。

子弹笔记社区

子弹笔记社区最能体现子弹笔记的潜在功能。子弹笔记社区里的成员涉及各个种族、宗教、地域、行业。这种多元化体现在社区成员提出的数不胜数的解决方案上，这些解决方案能够帮助我们应对各种常见或不常见的难题。

你可能会注意到第二章的各个小节名称下方都带有用“#”带起的话题标签。你可以在 Instagram 等社交网站上搜索这些标签，寻找灵感和支持。除了前文提到的标签外，这些标签也很常见：#bulletjournalkey, #bulletjournalgratitudelog, #bulletjournalfoodlog, #bulletjournalmoodlog，#bulletjournalgymlog。

如果你觉得这么做有点困难，可以从浏览 bulletjournal.com 网站开始。网站上有指导说明、例子及其他资源，大部分都是子弹笔记社区里的成员贡献的。我也摘录了其中一些构思巧妙、别出心裁的设计展示在下文里。

在翻页之前，请记住，你即将看到的成果出自多年的探索和实践。每一篇子弹笔记都是探索自我的旅程。这些子弹笔记使用者从他们的笔记中选出以下例子，分享子弹笔记对他们的生活所产生的影响，希望激励你以独特的方式去追寻自己的旅程。

金·阿尔瓦雷斯（@tinyrayofsunshine）

2013年8月，我在网上搜索规划生活的技巧时，突然在Lifehacker网站上看到了一篇介绍子弹笔记的文章。看着赖德的讲解视频，我深深沉醉其中。“这个方法太棒了！”我一边惊呼出声，一边迫切地抓起旁边半旧的笔记本，赋予其新生。

过了大约20分钟，我的男朋友来了，我迫不及待地向他展示赖德的视频，我们都震惊于子弹笔记的简洁之美，当下就开始制作各自的子弹笔记。

我原本就喜欢在笔记本上涂涂写写、规划记录，因此子弹笔记极佳地融合了我的各种兴趣。

我最想在子弹笔记中记录的是感恩记录。自从我发现要求自己记录每日的小确幸能够提升这一天的心情后，我就一直喜欢记下让我感恩的事物。我很欣慰自己能捕捉到那些有意义的时刻。

子弹笔记的灵活性令人感到振奋，它很强大。每一天，我都可以重新开始创建我需要的笔记。

我深深地感激赖德,感谢他愿意与世界分享这个改变生命的方法,用一种独特的方式引导我们注重简洁、专注以及更具意向性的生活。

Gratitude Log

I'M GRATEFUL THAT RYDER SHARED THE BULLET JOURNAL WITH THE WORLD!

I'M GRATEFUL TO LIVE IN A SAFE, PEACEFUL, & LOVING HOME

I'M GRATEFUL TO HAVE A COZY READING CHAIR TO ENJOY READING ON

I'M GRATEFUL FOR RAINBOWS THAT VISIT ME

I'M GRATEFUL FOR MY MIND & HEART

I'M GRATEFUL FOR THE KINDNESS OF OTHERS

I'M GRATEFUL FOR REFRESHING SHOWERS

I'M GRATEFUL FOR SUNNY DAYS

I'M GRATEFUL FOR THE LOVELY FRIENDS I'VE MADE IN MY LIFE

I'M GRATEFUL FOR ALL THE EXPERIENCES THAT LED TO THIS MOMENT

I'M GRATEFUL FOR RANDOM FRIENDLY INTERACTIONS WITH OTHERS

I'M GRATEFUL FOR SPECIAL SNAILMAIL

I'M GRATEFUL THAT MY THOUGHTS & IDEAS RESONATE WITH OTHERS

卡拉·本茨（@hobo.berry）

我和子弹笔记结缘于 2015 年 8 月。

在餐饮行业工作了 15 年后，我在 Etsy 网站平台上开了一家手工珠宝商店。为了使自己的生活变得有条理起来，我在各种各样的规划方法中辗转寻觅，几乎尝试了所有预设的模板。但是没有一样适合我。我甚至也尝试了使用电子 App，但仍然没有一样能灵活适应我忙碌的生活节奏以及扩大生意的需求。

我突然意识到我要自创一套规划方法，但是我不知道该从何处着手。在 Pinterest 网站上搜索“DIY 规划方法”时，我偶然发现了子弹笔记。

虽然当时网站上有关子弹笔记的创意还不多，但在浏览了官网以后，我结合看到的其他想法，开始制作我的第一本子弹笔记。

现在，两年半过去了，这个简单的方法给我的生活带来的改变超乎我的想象。

我也成了“理解”自我的人，我在制作子弹笔记的过程中收获了很多对自我的认识，我的生活变得井井有条了，我也成长了许多。同时，我还有机会在这一路上启发其他的人。

我最喜欢的几个集子是每周记录与每日记录混合组成的集子。周日时，我会提前做好接下来一周的安排，包括可能发生的重要事件和会面。等这一周开始后，再一点一点地在空白处补充每日的任务和笔记。这个方法能够很好地帮助我在周一时总览全局，再以天为单位一点一点补充细节。

DO MORE

of what makes you happy

FEBRUARY

M	T	W	T	F	S	S
			1	2	3	4
5	6	7	8	9	10	11
12	13	14	15	16	17	18
19	20	21	22	23	24	25
26	27	28				

mon 19

☼ 12 1 2 3 4 5 6 7 8 9 10 11
☽ 12 1 2 3 4 5 6 7 8 9 10 11

PRESIDENT'S day!

- ⊘ 6AM - OLYMPICS RIDE
- → FILM FP VIDEO
- X INBOX ZERO
- X NEW STICKER DESIGNS

I feel like I got a lot accomplished today! Ready to take on the week ahead!

52° / 49°

tue 20

☼ 12 1 2 3 4 5 6 7 8 9 10 11
☽ 12 1 2 3 4 5 6 7 8 9 10 11

Amanda B'DAY!

- → RESHOOT
- → CLEAN/ORGANIZE OFFICE
- X RESEARCH FLYLADY

I was so exhausted all day today. Did a lot of work on my laptop but the day definitely didn't go as planned

71° / 55°

wed 21

☼ 12 1 2 3 4 5 6 7 8 9 10 11
☽ 12 1 2 3 4 5 6 7 8 9 10 11

- X PREP FILES FOR MANUF.
- → SCHEDULE APPT W/ ACCT.
- X REPLY TO EMAILS
- X GO OVER PLANNERCON WORKSHOP STUFF

still felt super tired all day. Good call on postponing the videos! Made some great progress on my font though!

77° / 45°

thu 22

☼ 12 1 2 3 4 5 6 7 8 9 10 11
☽ 12 1 2 3 4 5 6 7 8 9 10 11

- ⊘ 2:30P - CRATEJOY CALL
- → FILM PLAN WITH ME
- → RESHOOT FP VIDEO
- X SCHED. APPT. W/ACCOUNTANT
- X FINISH FONT

felt exhausted again all day. Turns out the "Mirena Crash" is a thing and I was right about it all being hormonal.

45° / 36°

fri 23

☼ 12 1 2 3 4 5 6 7 8 9 10 11
☽ 12 1 2 3 4 5 6 7 8 9 10 11

- ⊘ 8AM - FT@PH RACE
- ⊘ 10:30AM - MYCHA VET
- ~~NEWSLETTER~~
- X PAYROLL
- X FILM PLAN WITH ME
- X WORK ON FONT
- → RESHOOT FP VIDEO

another low energy day but I still managed to get quite a bit done!

45° / 43°

sat 24

☼ 12 1 2 3 4 5 6 7 8 9 10 11
☽ 12 1 2 3 4 5 6 7 8 9 10 11

- ⊘ 12:45P - PZE RIDE
- X CLEAN/ORGANIZE OFFICE
- X PUBLISH PWM

still felt pretty tired but I was able to get everything done and still have plenty of time to rest. overall a pretty good day!

49° / 45°

sun 25

☼ 12 1 2 3 4 5 6 7 8 9 10 11
☽ 12 1 2 3 4 5 6 7 8 9 10 11

- → MEAL PLAN
- → COMMISSARY

had a pretty great day today. Caught up on some shows and also wrote a bunch of letters for incowrimo!

54° / 41°

迪伊 · 马丁内斯（@decadethirty）

2012 年 8 月底的时候，我挣扎在医学的书海中。神经解剖学课本像天上的星星一样散落在各处，书页上贴着的便利贴上写着各种各样的提醒（大多是醒目的“快去睡觉”），还有临床医学的笔记、标着乱七八糟重点的课堂讲义。那一刻,我发现自己应该换一套规划方法。我用了近十年时间适应传统的规划方法，但这时，赖德发明的这套简单易懂的方法适时出现了，它帮助我进行规划并完成任务。

从那时起到现在，子弹笔记见证了我生命中的许多重要时刻：研究生毕业、为了新工作穿梭在州与州之间、结婚、开兼职小网店、买房、搬新家、怀孕生子、兼顾职场和家庭，等等。子弹笔记帮助我带着意向进行规划、更高效地利用时间、实现人生目标、在解决每天的任务时少一分焦躁。在子弹笔记的帮助下，我成了迅速壮大的线上策划社区的一分子，在其中贡献着自己的力量。

我崇尚简约，笔记本里既没有花哨的标题、华丽的辞藻，也没有多样的色彩和便签。但是，令我惊讶的是，正是这样平淡无奇的手写记录产生了最大的影响。虽然形式在过去几年里发生了改变，目的仍然是用创造性的文字书写一天的记忆。在这一过程中,我能够将记录、回忆与我所痴迷的手写形式相结合，停顿下来，认真思考。

July

MON TUE WED THU FRI SAT SUN

Farewell July 31

1 wonderful weekend with my FAMILY 2

PLAY DATE W·I·T·H max & BRIDGET 3

4 WORKING FROM home
How does anyone do it?
I end up procrastinating
and cleaning the house... 5

6 MUMMY daughter TIME IN THE City

7 Creative Pause

Coffee & Tea MEETUP with Lauren 8

9 LUNCH & PLAY DATE — with Hinako & SEAN

10 Back

Tm3 STARTS

11 I feel like I'VE BEEN @ WORK for an entire TERM already 12

13 Rough COUPLE OF DAYS FOR L Fever a n chills VOMITING heaps of sleep and cuddles 14

15 So MANY milestones
using a spoon to eat most of her meals ♥ a language burst ♥ more teeth ♥ throwing away rubbish 16

17 High Anxiety LOW ENERGY DAYS 18 19

20 Love MEMORISING ALL THE DETAILS IN HER little FACE

21 NOTHING BUT chores

22 FAMILY TIME 23
~ spontaneous trip to New Farm ~ L. spending time w/ Mama & Amba

24 25 26 WORKDAZE

27 Precious MOMENTS: L. trying hard to figure out the world.

28 TOO MANY TASKS TO·DO ... let's binge watch Netflix instead...

29 MORE·FAMILY·TIME
L's 1st Christmas in July
discovered the moon

30 ABBY'S PARTY

埃迪·霍普（@itseddyhope）

我叫埃迪，是一位父亲，也是一位社交媒体行业的自由工作者。管理多种客户账户和策略很累人，所以我寻找了许多方法帮助我保持条理。有很多人推荐我使用电子工具，但是想觅得一款完美的产品无异于大海捞针。直到2013年，我偶然发现了子弹笔记。这种方法的宣传语称它可以快速完成并追踪任务，而且工具十分简单，只需要笔记本和笔。自那以后，我开始依赖子弹笔记，任何重要的事情都被我写进了本子。再说了，还有什么比带着笔记本走来走去更拉风的呢？

顺利使用了几个月后，我逐渐想要找到规划未来事件的方法。我试着寻找现成的方法或技巧来解决这一问题。但是不仅我自己找不到合适的方法，我发现其他人也深有同感。因此，我决定自创一套方法。于是，“日历索引”应运而生。日历索引集日历与索引的优势于一体，以日历的形式发挥着索引的功能，排版采取整洁的表格形式。这样一来，无论你是清闲还是忙碌，都能一目了然地看到所有即将到来的活动、会议和截止日期。

我可以很自豪地说，日历索引（thecalendex.com）已经成为一套完善、独立的方法，在全球范围内吸引了大批热情的粉丝组建团体，许多使用者都利用这套方法规划未来的事。

Datum / Date:

THE CALENDEX

	JAN	FEB	MAR	APR	MAY	JUN
1		3 84	↓	101	23 109	131
2			HOL	43 43	120 69	↓
3	HOL			43 43		
4		17	↑	43 43		
5		12 12	29	43 43	↓ 99	↓
6	↑		56			HOL
7			13 27 5	16	117 6	
8	18	22	10 10	49	12	↓
9		50		8		
10	24 36	52	14 20	8	91	
11				13	91	
12	9	2	111 80	14	100	↓
13		12		30	88	
14	24	30 71	17 17	52	76 2	HOL
15		26			2	
16	27 27	26	80	120 56	113 120	↑
17	11				98 150	
18	41		66 66 3	19 87	120	84
19	32 32	↓	1			141 98 14
20			28			71
21					10 200	
22	1	HOL	19 16	50	34	151
23	39				34	
24		↓		8	99 ↓	120
25	22 23		19	87 116		
26	35		87	99		132
27		HOL	12	130 82	84 84	
28			101 90	140	103	155
29	40 40		24		85 103	
30			31	98 98 98	115 125	
31	41				118	

第 5 章

结尾

使用指南

我最喜欢看到的就是子弹笔记通过人们多元化的、富有创意的理解，在全球范围内不断演变。我喜欢简单朴素的笔记，而你可能喜欢读起来更令人振奋的笔记。似乎就没有两本完全相同的笔记本。我想，也许正是因为这样，人们常常问我有没有子弹笔记的正确使用方法。这个问题引出了另一个更根本的问题：有没有使用子弹笔记的错误方法？简单来说，有。

我想，子弹笔记成功的根本原因是它的作用因人而异。我一直提倡简单，但若花时间装点你的子弹笔记会带给你更多干劲和乐趣，那这么做就没错。如果你每天都期待写笔记，而且觉得这本笔记是你的好伙伴，那就做对了。

关键不在笔记本的形式，

而在于你的感受以及笔记本的效果。

不要因为看到他人复杂的子弹笔记而望而却步。最终，你要追求的标准应该是你自己定的。毕竟，这是属于你的旅程。我不会轻易说

出这个词，但子弹笔记确实是探索自我这趟旅程的工具，它能帮助你发现你关心的事以及你想过的生活。着眼于如何以适应自我需求为目的提升你的子弹笔记。你使用子弹笔记的时间越久，子弹笔记就越有益处。如果没能达到这种效果,那就问问自己为什么。是因为太费时?是因为为了让别人印象深刻而忽略了自己的需求？还是因为你没有取得进展？确定难题，然后问问自己：我能做些什么让子弹笔记对我更有帮助?

如果你不知道该怎么做，没关系，你的背后有着全世界最乐于助人又最富有创意的子弹笔记社区，这里有丰富的资源。很有可能，社区里的其他子弹笔记使用者不仅解决过类似的难题，还乐于分享他们的见解。无论你遇到什么难题，别害怕，你都不是孤零零一个人。

结语

在《绿野仙踪》中我最喜欢的一段，是多萝茜一行发现原来伟大的奥芝魔法师只是个躲在屏风后面变戏法的小老头。多萝茜发现实情后惊呼道："你是一个很坏的坏蛋。"奥芝听她这么说，解释道："啊，不是的，亲爱的。我必须承认，我是一个十分好的好人，但是我是一个十分蹩脚的魔法师。"

多萝茜的小伙伴纷纷向奥芝讨要他曾许诺的东西:胆量、心、脑。他们以为，只有强大的魔法师才能给予他们想要的，这些靠他们自己是完全得不到的。他们认为，尽管奥芝是一个"十分蹩脚的魔法师"，没有超自然的能力，但他的确有点小本领。奥芝短暂地注视了他们一会儿，像一面镜子般，耐心地反映出他们的疑虑和痛苦，让他们明白，其实他们渴求的东西一直就藏在自己身上。

奥芝这一形象象征着我们的一种错误观念，我们总是认为治愈我们的"妙方"来自外部。当今商品化的文化使我们相信解决问题的手段只能从外部获得，我们的圆满必须借助他人或他物才能实现。我们的探究甚至把我们推得离自己更远。尽管对他人敞开心扉对我们来说大有裨益，但最终我们还是要面对留给我们自己的责任。

奥芝魔法师可以通过仔细的观察、内省和适当的怜悯，透过事物的表面看到其内在的联系。这也是子弹笔记想要帮助读者培养的能力。子弹笔记绝不是什么神秘的魔法，但它可以像一面镜子一样，让我们在每一天中清醒地观察自己，让我们看清自己究竟拥有多少能力。

子弹笔记有助于你推进自我探索这一旅程，让你了解如何把握自己的生命。这一切都取决于你是否愿意抛开限制，正视自己的潜能。在这一过程中，你要寻找勇气和执着，深入探究宇宙中难以承受的光辉，从而对自己的生活负责。浩瀚宇宙中的繁杂事物如点点繁星，你会发现其中最耀眼的部分。虽然未知的明天就像深不可测的水，我们可以确定一点，无论结果是沉入水底还是在水中徜徉，我们都会敢于面对。

常见问题

问：我不是艺术家，可以制作子弹笔记吗?

答：可以。子弹笔记里重要的是内容，不是形式。

问：我该从何时开始?

答：最佳时机就是现在。但是，创建月度记录的最佳时机应是每月的第一天（第 94 页）。

问：我该试用多长时间?

答：如果这是你第一次接触子弹笔记，第一次月度迁移（第 109 页）会让你豁然开朗。这就是为什么我建议初次使用子弹笔记的人至少尝试使用两到三个月。

问：我该用什么样的笔记本?

答：笔记本的质量不能太差，要耐用。要注意的两点是尺寸和质量。如果本子太大，就不能随身携带，如果本子太小，就不够实用。要选用一本足够结实、可以随身携带并且质量能经得起时间考验的本子。

如果有兴趣的话，你可以购买我在 Bulletjournal.com 上出售的官方笔记本。该笔记本由我亲自设计，内含页码、索引、子弹短句关键词、三张书签等。

问：我该用铅笔还是水笔?

答：写出的字迹清晰可辨且不会褪色即可。子弹笔记的一大好处，是经过多年积累后，你写完的笔记本就像专属于自己的图书馆一样，可以在多年后随时回顾当初的美好记忆。

问：如果我的笔记本丢了该怎么办?

答：虽然子弹笔记中记录的都是极为私人的信息，但我强烈建议读者在首页醒目地标注出自己的姓名和电话号码，以供拾到本子的人联系你。虽然现金奖励也不失为一个好主意,但是写上个人信息同样重要。有一次我在高峰时期的纽约地铁上不小心弄丢了我的笔记本，但因有了标注的信息，我的本子失而复得。

问：我该如何解决反复出现的任务?

答：你可以创建特殊符号（第 84 页）并将其添加进月度记录的日历页（第 94 页）中。这样你在快速浏览本月事项时便能够清晰地看到每周会固定出现哪些任务或事件。

问：如果忘记更新笔记怎么办?

答：我们创建了一个 App，名叫“子弹笔记伴侣”（Bullet Journal

Companion)。这不是 App 版的子弹笔记，而是专门针对记录子弹笔记而研发的 App，供你在手边没有笔记本时记录自己的想法、设定更新提醒、拍摄笔记本照片等。当然，App 现支持 iOS 和安卓两种系统。

问：有没有相关的 App？

答：见上一问及 bulletjournal.com 或子弹笔记 App。

问：每日记录需要多少空间?

答：随需求而定。生活无法预测，这也是子弹笔记的设计不断演化的原因。接着上次写到的地方继续往下，避免浪费纸张。

问：如何进行全书的迁移?

答：回顾笔记本中帮助你取得进步的内容。只需要把能给生命增添价值的内容迁移到新的笔记本上即可。你也可以用引线法（第 106 页）标注出你不想重写一遍的内容。

问：计划中的任务和迁移后的任务有什么不同?

答：计划中的任务属于未来的任务，超出了本月的范畴，应放在未来记录中。迁移后的项目是当月的项目，应放在月度记录（第 94 页）或个性化集子（第 230 页）里。

问：什么时候该从未来记录中移出项目?

答：创建新的月度记录（第 94 页）时。

问：一年要使用多少本笔记本？

答：按需求而定。我一年会用三到四本。

问：如何配合电子日历使用子弹笔记？

答：你可以利用电子日历取代未来记录。白天，把日期记录在每日记录中，等有空时，比如进行每日反思时，再把这些日期添加到电子日历中。

问：进行每日反思的时间该有多长？

答：按需求而定，但要始终如一。如果你发现自己做不到，那就减少时长。

问：如何做到多项目同时规划、同时管理？

答：如果我需要同时进行多个项目，我会分别创建不同的集子，随后利用索引快速找到各个项目。你也可以为每个项目创建一个“专用索引”，这对大项目尤为有用。比如，如果你还在上学，你可以为每一节课创建一页索引。

问：如果我的任务定在未来的某一天，我该做些什么？

答：如果在本月范围内，每日反思会让你意识到这项任务的存在。如果超出本月范围，你可以将其添加进未来记录（第 98 页）。

问：为什么月度记录中每天只有一件事？是有意为之的吗？

答：我只展示一件事是因为这样看起来更加清晰易懂。但是在我自己的子弹笔记中，每一天我会记录两到三件事。对我而言，月度记录用于综观所有我完成的事项，所以我常常在做完事情之后就在月度记录中添上这一项。

问：月度记录的任务和每日记录有什么不同?

答：每日记录（第 90 页）的目的在于整理思绪，不是让你思考你要写下的内容是什么，只是纯粹让你记录下来而已。而记录在月度记录中的任务则是经过你认真思考的，你知道这些项目至关重要，是你的优先事项。

问：我该如何从子弹笔记中引用资料?

答：创建索引（第 101 页）并配合引线法（第 106 页）使用。

问：我该如何从上一本子弹笔记或其他笔记中引用资料?

答：通过引线法（第 106 页）或者子弹笔记伴侣 App。这些方法的设计意图在于延伸笔记本的功能。你可以通过“图书馆”功能将之前的笔记本索引页上传到 App 中，并打上标签。

致谢

感谢我的版权代理人，Sterling Lord Literalistic 公司的约翰 · 马斯和西莱斯特 · 法恩，感谢他们对我坚定不移的指导、支持和耐心。

感谢我的编辑利娅 · 特劳夫博斯特和托尼 · 夏拉 · 普安泰的辛劳与智慧，感谢他们帮助我解决困难。

感谢企鹅兰登书屋的团队看好我的书稿并将其整理成书。感谢海伦 · 希利教会我如何避免圣诞树彩灯打结缠绕。

感谢我的读者基思 · 古尔德、琳达 · 赫克尔、金 · 阿尔瓦雷斯、尼克拉斯 · 巴恩、利斯 · 格鲁埃尔斯曼、雷切尔 · 拜德、利 · 奥尔曼等人，感谢他们带给我新的见解。

感谢所有在这本书中分享自己的设计、故事、想法的子弹笔记使用者：迪伊 · 马丁内斯、埃迪 · 霍普、金 · 阿尔瓦雷斯、卡拉 · 本茨、希瑟 · 卡利里、埃米 · 海恩斯、安东尼 · 戈里蒂、雷切尔 · M、蒂莫西 · 柯林森、谢里尔 · 布里奇斯、休伯特 · 韦步、布里奇特 · 布拉德利、奥洛夫 · 维马尔克、桑德拉 - 奥利维亚 · 门德尔、凯里 · 巴尼特以及迈克尔 · S。

感谢子弹笔记社区帮助我在全球范围内传播子弹笔记。没有你们，就没有今天的我。

子弹笔记

[美] 赖德·卡罗尔 著

陈鑫媛 译

图书在版编目（CIP）数据

子弹笔记 /（美）赖德·卡罗尔著；陈鑫媛译．— 北京：北京联合出版公司，2018.12（2025.3 重印）
ISBN 978-7-5596-2763-6

Ⅰ．①子… Ⅱ．①赖… ②陈… Ⅲ．①成功心理－通俗读物 Ⅳ．① B848.4-49

中国版本图书馆 CIP 数据核字 (2018) 第 243801 号

THE BULLET JOURNAL METHOD

by Ryder Carroll

Copyright © 2018 by Ryder Carroll
Published in agreement with Sterling Lord Literistic, through The Grayhawk Agency
Simplified Chinese edition copyright © 2018 by United Sky (Beijing) New Media Co., Ltd.
All rights reserved.

北京市版权局著作权合同登记号 图字:01-2018-7324 号

选题策划	联合天际 · 综合产品工作室
责任编辑	张 萌
特约编辑	郝 佳 张雅洁
装帧设计	@broussaille 私制
美术编辑	程 阁

未读 DR 生活家

出　版	北京联合出版公司 北京市西城区德外大街 83 号楼 9 层 100088
发　行	北京联合天畅文化传播有限公司
印　刷	北京联兴盛业印刷股份有限公司
经　销	新华书店
字　数	110 千字
开　本	880 毫米 × 1230 毫米 1/32 9 印张
版　次	2018 年 12 月第 1 版 2025 年 3 月第 16 次印刷
I S B N	978-7-5596-2763-6
定　价	58.00 元

关注未读好书

客服咨询

本书若有质量问题，请与本公司图书销售中心联系调换
电话：(010) 52435752

未经书面许可，不得以任何方式
转载、复制、翻印本书部分或全部内容
版权所有，侵权必究